바른 성경을 찾아서 9

현저한 차이

한글킹제임스성경과 개역성경의 비교

이송오 지음

말씀보존학회

현저한 차이

한글킹제임스성경과 개역성경의 비교

이 책을 내면서

『**실로,** 하나님은 **참되시나 사람은 모두 거짓말쟁이라**』(롬 3:4). 사람들은 나쁜 사람들만 거짓말을 하는 줄로 안다. 사기꾼이나 협잡꾼이나 정치하고 장사하는 사람들이 거짓말을 하면 그러려니 하고 만다. 왜냐하면 흔히 있는 일이기 때문이다. 그렇다면 신성하다고 하는 교회 강단이나 신학교 교실에서 거짓말하는 자들은 어떻게 보아야 할 것인가? 특히 하나님의 말씀인 성경을 가지고 거짓말하는 자들을 우리는 어떻게 보아야 하겠는가? 그들은 공식적으로 36,000군데나 틀리고, 신약에서만 2,200 단어 이상이 삭제된 한글 개역성경을 가지고 하나님의 영감으로 기록된 무오하고 무흠한 성경이라고 거짓말하며 일점일획도 오류가 없다고 거짓말하고 있다.

거짓말이 왜 통하는가? 그것은 거짓말하는 자와 그 거짓말을 곧이 들어 주는 자가 한 통속이 되기 때문이다. 둘 다 정직하지 못한 것이다. 어리석어서 그랬든, 무식해서 그랬든, 마귀에게 현혹되어서 그랬든 그들은 속고 속이는데 어울렸기 때문이다.

목사가 거짓말로 성경을 가르치고 설교하면 그 말을 받아먹은 사람들만 병들게 되어 있다. 신학교 교수가 거짓말로 가르치면 그것을 곧이 들은 학생들만 병들게 되어 있다. 그러나 성경이 틀리면 그 성경을 쓰는 모든 사람이 병들어 고사하게 된다. 그래서 사탄의 전략은 성경을 변개시키는데 그 목표를 두고 있는 것이다.

우리는 교회사를 통하여 어떤 부류의 사람들이 성경을 변개시켜 왔는지를 알게 된다. 북아프리카 출신의 오리겐과 어거스틴이 이교도 전통을 로마로 들여와 로마 카톨릭의 교리와 전통을 만들었던 것을 알 수 있다. 그들이 만든 바티칸 사본과 시내 사본이 제롬의 라틴 벌게이트와 웨스트코트, 홀트를 통해 림즈 듀웨이 성경(Rheims Douay, 1582)을 만들게 되었고 그 카톨릭 성경에서 RV, ASV, RSV, NIV, NEB, NASV, NRSV 등을 낳았으며, 거기서 한글개역성경도 나오게 된 것이다. 그런데 이런 성경을 가지고 거짓말하는 자들이 순진한 그리스도인들을 속인 한 가지 중요한 사실은 이런 성경들이 들어 있어야 할 외경을 제외시킨 것을 숨기고 있다는 점이다. 다시 말하면, 한글개역성경이 옳다고 주장하려면 거기엔 외경이 들어 있어야 한다는 말이다.

이 책자는 말씀보존학회에서 발간된 월간지 〈성경대로믿는사람들〉에 기고한 글들을 일부 모은 것이다. 앞으로도 개역성경은 계속 도마 위에 있게 될 것이며, 그것의 치부가 낱낱이 드러나게 될 것이다.

당신은 왜 성경을 읽는가? 생명의 양식을 얻기 위함이 아닌가! 썩은 음식으로 영양을 취할 수 없듯이 썩은 성경으로는 영적 양식을 얻을 수 없는 것이다.

주의 말씀이 내 발에 등불이 되고, 내 길에 빛이 되게 하려면 바른 성경인 〈한글킹제임스성경〉을 보기 바란다.

이 조그만 책자가 당신의 눈을 열어 진리를 보게 되길 기원한다.

1999년 5월 10일

말씀보존학회 대표

이송오 목사

목 차

이 책은 비교를 위해 〈한글킹제임스성경〉과 〈개역한글판성경〉을 인용해 놓았으며, 본문에 별도의 알림 없이 인용한 성경 구절은 〈한글킹제임스성경〉입니다.

1

누가 진리를 양보한다던가

몸, 혼, 영 vs. 몸, 영혼

누가복음 1:46,47, 데살로니가전서 5:23, 히브리서 4:12

<한글킹제임스성경>

『그때 마리아가 말하기를 "내 혼이 주를 드높이며 내 영이 하나님 내 구주 안에서 기뻐하였도다.』(눅 1:46,47)

『화평의 하나님께서 너희를 온전히 거룩하게 하시고 너희의 온 영과 혼과 몸이 우리 주 예수 그리스도께서 오실 때까지 책망할 것이 없게 보존되기를 하나님께 기도하노라.』(살전 5:23)

『하나님의 말씀은 살아 있고 활력이 있어 양날이 있는 어떤 칼보다도 예리하여 혼과 영, 그리고 관절과 골수를 찔러 가르고 마음의 생각들과 의도들을 판별하느니라.』(히 4:12)

<개역한글판성경>

『마리아가 가로되 내 영혼이 주를 찬양하며, 내 마음이 하나님 내

구주를 기뻐하였음은』(눅 1:46,47)

『평강의 하나님이 친히 너희로 온전히 거룩하게 하시고 또 너희 온 영과 혼과 몸이 우리 주 예수 그리스도 강림하실 때에 흠 없게 보존되기를 원하노라.』(살전 5:23)

『하나님의 말씀은 살았고 운동력이 있어 좌우에 날선 어떤 검보다도 예리하여 혼과 영과 및 관절과 골수를 찔러 쪼개기까지 하며 또 마음의 생각과 뜻을 감찰하나니』(히 4:12)

위에서 본 바와 같이 성경에는 영, 혼, 몸이 구분되어 있으며, 심지어 개역성경에도 영과 혼과 몸이 구분되어 있다. 그럼에도 불구하고 대다수의 신학자들 및 목사들은 몸과 영혼으로 통합해버린다. 이것은 성경의 진리를 가려버리는 것이며, 성경에 최종 권위를 두지 않고 학자에게 두는 일단의 교파들이 저지른 죄악인 것이다. 그 학자들을 따라 거슬러 올라가면 칼빈에 이르고 어거스틴에 이르며 이들이 추종하는 핵심 세력들에 이른다. 이들은 성경에 없는 사실을 그들 나름대로 합리화시키려고 한다. 성경에 기록된 대로 믿으면 될 일을, 성경을 배제한 채 그들의 사사로운 의견을 개진하고 그것이 진리인 줄 알도록 만든다.

성경에는 하나님께서 어떻게 아담을 지으셨는가를 설명하고 있다. 『주 하나님**께서 땅의 흙으로 사람을 지으시고 그의 콧구멍에다 생명의 호흡을 불어 넣으시니, 사람이 살아 있는 혼이 되었더라**』(창 2:7).

이 구절을 이해하기가 어려운가? 전혀 그렇지 않다. 하나님께서 흙으로 사람을 빚어 그의 콧구멍에다 생명의 호흡, 즉 영을 불어넣으셨더니 사람이 "살아 있는 혼"이 되었다는 것이다. 우리는 여기서 하나의 신비로운 사실을 발견할 수 있다. 흙으로 빚어 영을 불어넣었으면 흙과 영으로 된 영적 존재가 나오는 것이 적절한 귀결일텐데, 하나님께서는 그런 괴물이 아닌 인간을 만들어 내신 것이다. 그리고 이 살아 있는 혼은 불멸의 존재였다.

그러나 아담이 하나님의 말씀에 불순종하고 타락했을 때 그의 영은 죽었다. 하나님은 영이 죽은 사람을 죽은 사람으로 간주하신다. 『**허물과 죄들 가운데 죽었던 너희를... 죄들 가운데서 죽었던 우리를...**』(엡 2:1,5).

이 때문에 하나님의 아들이 죽으셔야 했다. 하나님의 아들의 피가 아니면 아담의 후예는 죄의 삯인 사망에서 벗어날 길이 없기 때문이다. 따라서 하나님의 구원 계획은 창조와 관련이 있다.

아담의 불순종으로 인하여 많은 사람이 죄인이 된 것같이 한 사람의 순종으로 인하여 많은 사람이 의인이 될 수 있었으며, 죄가 군림하여 사망에 이른 것같이 은혜도 의를 통하여 군림하여 우리에게 영원한 생명을 얻을 수 있게 하셨는데, 그것은 예수 그리스도를 통해서만 가능하다(롬 5:19,21).

그런데 〈개역한글판성경〉(이후 개역성경)에는 "여호와 하나님이 흙으로 사람을 지으시고 생기를 코에 불어넣으시니 사람이 생령이 된지라."라고 되어 있다. 사람이 "산 영"이 되었다는 것이다. 하나님이 사람을 만드실 때 흙에다 영을 불어넣으셨더니 살아 있는 혼이 되지 않고 영이 되었다면 이것은 인간이 아닌 신(god)이 되었다는 말이다. 그렇다면 성경이 틀린 것이며, 어느 한 군데만 틀린 것이 아니라 성경 전체가 틀리게 된다.

그러나 성경은 영적인 몸이 먼저가 아니라 타고난 몸이 먼저이며 타고난 몸 다음에 영적인 몸이라고 명확하게 설명해 주고 있다(고전 15:46). 또 육신의 타고난 몸으로 심겨서 영적인 몸으로 일으켜지며, 육신의 타고난 몸이 있고 영적인 몸이 있다고 부연하고 있다(고전 15:44).

『**따라서 이와 같이 기록되었으니 "첫 사람 아담은 살아 있는 혼이 되었느니라." 함과 같이 마지막 아담은 살려 주는 영이 되었느니라**』(고전 15:45).

이 말은 첫 사람 아담은 살아 있는 혼이 되었지만 아담의 타락으로 인하여 그 혼은 구원받지 못한 혼(lost soul)이 되었다는 것이다. 사람이 구원받지 못한 채 죽으면 지옥에서 영원을 보내게 된다. 왜냐하면 혼은 불멸이기 때문이다. 반면에 구원받은 혼(saved soul)은 천상에서 영원을 보내게 된다. 사람이 태어날 때 영이 죽은 상태로 태어나기 때문에(엡 2:1) 그 영은 반드시 거듭나야만 하는 것이다.

개역성경의 고린도전서 15:45을 보면 "기록된바 첫 사람 아담은 산 영이 되었다 함과 같이 마지막 아담은 살려 주는 영이 되었나니"라고 기록되어 있다. 첫 사람 아담이 산 영이 되었는데 마지막 아담이 왜 살려주는 영이 되어야 하겠는가?

개역성경으로도 복음을 전하는 데 부족하지 않다고 말하지 말라. 우리 선배들도 이 성경으로 순교했다고 말하지 말라. 그것은 다른 성경이 없었기에 그 성경을 쓸 수밖에 없었던 것 뿐이다. 그 성경으로 복음 비슷한 것, 신학 비슷한 것을 가르칠 수는 있을지 몰라도 하나님의 깊은 것들(고전 2:10)은 알 수가 없다. 수많은 거짓 교사와 목사들이 성경을 안다고 하면서 실제로는 변개된 성경으로 잘못된 교리를 가르치고 있는 사실은 참으로 개탄할 일이 아닐 수 없다.

『**화평의** 하나님**께서 너희를 온전히 거룩하게 하시고 너희의 온 영과 혼과 몸이 우리** 주 예수 그리스도**께서 오실 때까지 책망할 것이 없게 보존되기를** 하나님**께 기도하노라**』(살전 5:23). 성경은 영, 혼, 몸이라고 기록하고 있고, 심지어 개역성경에도 그렇게 기록되어 있다. 그런데도 '영혼과 육체'라는 이분설을 고집하고 있는 자들은 참으로 하나님을 우롱하고 있는 것이다. 하나님께서는 자기를 존중하는 자를 존중하시고 멸시하는 자를 소홀히 여기는 분이심을 알아야 한다(삼상 2:30).

이분설은 성경을 최종권위로 두지 않는 학자들이 지어낸 어설픈 이론 외에는 아무것도 아니다. 이분설로는 성경을 해석할 수 없는데도 이분설을 성경적 교리인 양 붙들고 있는 신학교와 교단이 대다수이다. 이것은 무엇을 말하는가? 이 한 단면이 이 나라 신학이 얼마나 수준이 하인가를 증명해 주고 있는 것이다. 성경을 제대로 공부하지 않아도 큰 교단에 속하고 학위를 받아 오면 사역하게 해 주는 풍토 때문에 그들의 후배들도 영적 지식에 눈을 뜨려고는 하지 않고 큰 교단에 속하고 학위나 받아 보려는 편법에 익숙해진 것을 본다.

우리의 상식으로는 부처에게 절할 사람이 없을 것 같지 않은가? 돼지 머리나 마리아 동상 앞에 절할 사람이 없을 것 같지 않은가? 우리의 상식으로는 하나님은 사람의 손으로 지은 성전에는 계시지 않는다고 믿을 것 같은데, 우리의 상식으로는 무조건 큰 교단 신학교가 올바른 줄 믿고 거기에서 공부할 것 같지 않은데도, 우리의 상식으로는 그런 자들이 목사로 있는 교회에는 가지 않을 것 같은데, 여전히 사람들은 구름처럼 몰려가는 것이다. 멸망을 원하는 사람은 넓고 쉬운 길을 가려 한다고 일찍이 예수님이 말씀하지 않으셨던가?(마 7:13)

성경을 가르치기 원한다면 성경을 공부하라. 바른 성경으로 공부하라. 하나님의 사람이거든 바른 성경을 거부할 이유가 전혀 없는 것이다. 『**그가 누구에게 지식을 가르치며, 그가 누구에게 교리를 깨닫게 해 줄 것인가? 젖을 떼고 젖가슴에서 물러난 자들에게로다. 명령을 명령 위에 반복해야 하고 명령을 명령 위에 반복하며, 줄을 줄 위에 반복하고 줄을 줄 위에 반복하여 여기서도 조금, 저기서도 조금 하니**』(사 28:9,10). 이같이 공부를 해야 한다. 『**지식의 월등함은 지혜니 그 지혜가 그것을 지닌 자들에게 생명을 주는 것이니라**』(전 7:12). 『**왕의 말이 있는 곳에는 권위가 있나니...**』(전 8:4).

2

하나님이 빈정거리시다

아모스 4:4-5

<한글킹제임스성경>

4 벧엘로 와서 범죄하며 길갈에서 죄를 더하고 매일 아침 너희 희생
제물을 가져오며 삼 년 후에 너희 십일조를 가져오고
5 누룩과 함께 감사의 희생제물을 드리며 자원하는 제물을 선포하고
공표하라. 오 너희 이스라엘 자손들아, 이것이 너희가 좋아하는 것
임이라. 주 하나님이 말하노라.』

<개역한글판성경>

4 너희는 벧엘에 가서 범죄하며 길갈에 가서 죄를 더하며 아침마다
너희 희생을, 삼 일마다 너희 십일조를 드리며
5 누룩 넣은 것을 불살라 수은제로 드리며 낙헌제를 소리내어 광포하
려무나 이스라엘 자손들아 이것이 너희의 기뻐하는 바니라 이는 주
여호와의 말씀이니라』

위 본문은 하나님께서 이스라엘 백성을 향하여 빈정거리시는 것이다. 하나님의 빈정거리심(Divine Sarcasm)을 우리는 성경 여러 곳에서 볼 수 있는데 마태복음 23:32에서도 『**그러므로 너희가 너희 조상들의 분량을 채우라**.』고 말씀하셨다. 선지자들을 죽인 이스라엘의 가증스러움을 힐난하신 하나님께서 23장에서만 서기관들과 바리새인들을 향하여 일곱 번이나 "위선자들"이라고 하셨고, 다섯 번이나 "눈먼 안내자들"이라고 부르셨으며, 심지어 그들을 "뱀들", "독사들의 세대"라고까지 부르셨다. 그러면서도 영적 지도자라고 자처하고 근본주의, 보수주의, 복음주의를 자처하는 자들을 향하여 너희도 선지자들을 죽인 너희 조상들의 살인의 분량을 채우라고 빈정거리셨던 것이다.

그런데 여기 아모스 4:4,5에서 여러 성경 주석가들이 심각한 오류를 범해 놓았다. 개역성경 본문에서 밑줄 그은 부분은 모두가 오류이다.

1. 성경 주석가들은 "벧엘에 가서 범죄하며 길갈에 가서 죄를 더하라."는 말을 하나님이 하시는 명령으로 알고 지키려는 데 문제가 있다. 하나님께서 빈정거리시는 것을 실제적인 명령으로 받아들이는 이 무지한 주석가들이 목사들뿐만 아니라 신학대학 교수들까지 모두 다 어리석은 자들로 만들어 버리고 있다. 제미에슨, 포셋, 브라운, 더멜로우는 물론 〈리빙 바이블〉(현대인의 성경)을 번역한 케네스 테일러, 그 밖에도 여러 명의 주석가들이 이 대열에 서 있다.

2. "삼 년 후에 너희 십일조를 가져오라."고 하나님께서 빈정거리시는 것을, 왜 십일조를 삼 년 후에 가져오라고 하시는지 고개를 갸우뚱

하다가 삼 년을 삼 일로 바로잡아(?) 지키려고 했던 것이다. 구약의 십일조는 레위기 27:30-33에 기록된 대로 땅의 소산, 나무의 열매, 소와 양, 기름과 포도주 등을 1년에 한 번씩 성전으로 가져가는 것이었다. 대개는 그 해의 소산물을 하나님께 바치는 것이었다. 그런데 그 십일조를 "삼 일"만에 가져오라고 성경을 변개시켰던 것이다. 단, 예루살렘이 너무 멀어서 십일조를 가지고 가기가 힘들면 매 삼 년 끝에 모든 십일조를 그가 사는 고장의 성문 안에 쌓아 두어 레위인은 물론이요 타국인, 아비없는 자와 과부가 와서 먹게 했던 예외가 있기는 했다(신 14:28,29).

개역성경을 쓰고 있는 교회들은 그 성경대로 삼 일에 한 번씩 십일조를 하는가? 하나님의 말씀은 『**만일 네가 이 책에 기록된 이 율법의 모든 말씀을 행하여 지키지 아니하고 네가 이 영광스럽고 두려운 이름, 곧 주 너의 하나님을 두려워하지 아니하면 그때는 주께서 네 재앙들과 네 자손의 재앙들을 특별하게 하시리니, 즉 더 큰 재앙들로 오래 지속되며 심한 질병들로 오래 지속되게 하시리라.**』고 하셨다(신 28:58,59).

하나님께서는 자기를 존중하는 자를 존중하고 멸시하는 자를 멸시하신다는 사실을 알아야 한다(삼상 2:30). 하나님의 말씀을 존중하지 않으면 성령님께서 어떤 조명도 주시지 않는다. 어떤 말씀이 빈정거리는 것인지 아닌지도 구별할 줄 모르면서 어떻게 성경을 가르치며 설교할 수 있겠는가?

3. 『**누룩과 함께 감사의 희생제물을 드리며**』를 개역성경은 "누룩 넣은 것을 불살라 수은제로 드리며" 라고 변개시켜 무슨 말을 하는지

도 모르게 만들었다. 성경을 100독 했다고 자랑하는 사람들에게 물어 보라. 수은제가 무엇을 말하는가?

하나님께 드리는 제물에 누룩은 금물이다. 성경에서 누룩은 첫째, 죄를 말한다(고전 5:6-8). 묵은 누룩은 떼어내 버려야 하는 것이다. 적은 누룩이라도 빵 전체를 부풀게 하기 때문이요, 작은 종창(암)이 온 몸에 퍼지면 죽게 되기 때문이다.

둘째로 성경에서 누룩은 거짓 교리를 말한다. 주님은 바리새인들과 사두개인들의 누룩, 즉 그들의 거짓 교리를 조심하라고 하셨다(마 16:6). 이들은 구제도 하고, 십일조도 바치고, 금식도 하고, 기도도 하며, 영도 천사도 부활도 믿고, 정통주의라고 자랑도 하며, 열심히 전도하러 다니기도 하지만 한 사람의 개종자를 얻고 나면 자기들보다 두 배나 더 악한 지옥의 자식으로 만드는 자들이었다(마 23:15). 오늘날 정통을 자처하면서 애써 사람을 얻고 나면 성경의 기조 위에서 정상적인 그리스도인을 만드는 것이 아니라 자신들의 교단, 선교단체의 하수인으로 만드는 자들이야말로 현대판 바리새인들과 사두개인들이다.

마태복음 13:33에서 어떤 여인이 가져다가 가루 서 말에 숨겨 넣어 전체를 부풀게 한 누룩은 "교계"(Christendom)에 거짓 교리가 들어온 것을 말하는 것이다. 이 비유에서 누룩을 "복음"으로, 여인을 "교회"로 해석하는 가짜 교사들도 있다. 당신이 다니는 교회의 목사도 이렇게 가르치는지 보라. 그러나 여기서 여인은 로마 카톨릭 교회를 말하며 누룩은 로마 교회가 퍼뜨린 거짓 교리이고, 그 누룩이 교계 전체에 퍼진 것을 비유로 말씀하신 것이다. 그런데 그 거짓 교리를 수용한 "개신"교회들은 세례와 유아세례, 새벽기도와 금요철야 등을 지키고 있다. 빵이 없는 것보다 더 위험한 것이 거짓 교리라고 예수님은 말씀하셨다(마 4:4).

셋째로 누룩은 하나님의 말씀을 변개시키는 것을 말한다. 『**적은 누룩이 온 반죽을 부풀게 하느니라**』(갈 5:9). 하나님의 말씀은 빵인데 빵에다 누룩을 넣으면 부풀리기밖에 더하겠는가? 적은 누룩이 성경에 스며들면 성경 전체가 망가지는 것이다. 하기야 개역성경은 너무 많이 틀려서 이미 썩은 성서(corrupted bible)가 되어버렸지만 말이다.

성경에서 누룩이 사용된 예는 레위기 23:17에서 볼 수 있다. 오순절에 주께 드리는 첫 열매로 제시할 때였다. 사도행전 2장에서 오순절은 교회의 탄생과 연관이 있음을 알 수 있다. 제도교회 안에는 ① 입으로만 믿는다고 고백하는 사람도 있고 ② 잘못된 교리를 붙들고 놓지 않는 사람도 있고(롬 6:16) ③ 타락한 사람도 있고 ④ 말씀대로 신실하게 주님의 뜻을 따르는 알곡도 있다.

누룩은 철저하게 제거되어야 한다. 성도의 생활에서는 물론이요, 교회와 선교단체에서도 누룩은 제거되어야만 한다. 유월절이면 유대인들은 세간을 옮겨 놓고 붓으로 구석구석을 쓸어 낸다. 누룩이 조금이라도 남아 있으면 하나님께서 열납하지 않으시는 것을 알기 때문이다.

그런데 본문에서 개역성경은 "누룩 넣은 것을 불살라 수은제를 드리며 낙헌제를 소리내어 광포하려무나"라고 기록하고 있다. 이 말이 도대체 무슨 말인지 이해할 수 있겠는가?

4. 『**오 너희 이스라엘 자손들아, 이것이 너희가 좋아하는 것임이라.**』 주 하나님께서 이스라엘 백성을 비꼬아 하시는 빈정거림이 아닌가? 하나님이 누룩이 섞인 희생제물을 좋아하실 리도 없고, 허물과 죄

를 좋아하실 리도 없다. 하나님께서는 단지 이스라엘이 그런 것들을 좋아하는 것을 아시고 그것을 비꼬아 말씀하시는 것이다.

하나님은 악이든 선이든 모두 다 용납하시는 분이 아니시며, 비진리를 진리처럼 수용하시는 분이 아니시다. 악을 선과 더불어 수용하며, 비진리를 진리처럼 위장하는 것은 하나님을 두려워할 줄 모르는 자들이 하나님의 임재를 의식하지 못하기에 저지른 어리석음이다. **『악인을 정당화시키는 자와 의인을 저주하는 자들은 둘 다 주께 가증하니라. 어리석은 자는 지혜에 마음이 없거늘 그가 손에 값을 가지고 지혜를 사려 함은 어찜인가?』**(잠 17:15,16)

하나님께서 어떤 사람의 행위나 어떤 일에 대해 빈정거리시는 것을 모르고 그것을 문자 그대로 지키려는 어리석음을 범하는 자들이 있는가 하면, 자신의 지각으로 해석이 잘 되지 않는다고 성경을 고쳐서까지 지키려 했다는 사실은 통탄할 일이 아닐 수 없다. 하나님께서 이스라엘 백성의 행위를 빈정거리시면서 누룩 넣은 감사제를 드리라고 하셨는데 그 말씀을 곧이 곧대로 받아들여 누룩을 넣어 빵을 구워 제사를 드리는 어리석은 백성이라면 어떻게 해야 되겠는가? 또 하나님께서 빈정거리시면서 매년 드리던 십일조를 "삼 년 후에" 가져오라고 기록된 것을 보고 성경이 틀렸다고 생각해서 그것을 아예 "삼 일"로 고쳤다면 이 얼마나 어리석은 성경 변개자인가?

『말씀을 멸시하는 자는 누구라도 멸망할 것이나, 계명을 두려워하는 자는 보상을 받으리라』(잠 13:13).

3

어떤 것이 참된 영인가?

누가복음 9:54,55,56

<한글킹제임스성경>

54 그의 제자인 야고보와 요한이 이를 보고 말씀드리기를 "주여, 우리
가 하늘에서 불이 내리도록 명하여, 마치 엘리야가 한 것처럼 그들
을 살라 버리기를 원하시나이까?"라고 하니
55 주께서 돌아서서 그들을 꾸짖으시며 말씀하시기를 "너희는 너희가
어떤 영을 지녔는지 알지 못하고 있도다.
56 인자는 사람들의 생명을 멸하려고 온 것이 아니라 구원하려고 왔느
니라."고 하시고 일행과 더불어 다른 마을로 가시더라.

<King James Version>

54 And when his disciples James and John saw *this*, they said,
Lord, wilt thou that we command fire to come down from
heaven, and consume them, even as Elias did?

55 But he turned, and rebuked them, and said, Ye know not
what manner of spirit ye are of.
56 For the Son of man is not come to destroy men's lives, but
to save *them*. And they went to another village.

<개역한글판성경>

54 제자 야고보와 요한이 이를 보고 가로되 주여 우리가 불을 명하여
하늘로 좇아 내려 저희를 멸하라 하기를 원하시나이까
55 예수께서 돌아보시며 꾸짖으시고
56 함께 다른 촌으로 가시니라.

<New American Standard Version>

54 And when His disciples James and John saw *this*, they said,
“Lord, do You want us to command fire to come down from
heaven and consume them?”
55 But He turned and rebuked them, [and said, “You do not
know what kind of spirit you are of;
56 “for the Son of Man did not come to destroy men's lives, but
to save them.”] And they went on to another village.

54절 : **마치 엘리야가 한 것처럼** - 4단어 삭제

55절 : **말씀하시기를 “너희는 너희가 어떤 영을 지녔는지 알지 못하고 있도다.** - 11단어 삭제

56절 : 인자는 **사람들의 생명을 멸하려고 온 것이 아니라 구원하려고 왔느니라."고 하시고** - 16단어 삭제

말씀이 하나님이실진대(요 1:1), 여기 누가복음 9:54-56 세 구절에서 〈개역한글판성경〉은 무려 31단어나 삭제시켜 버렸다.

소위 자칭 학자라는 사람들이 삭제된 부분을 가지고 변명하려는 것을 보지만 그들의 수작은 대단히 정직하지 못함을 알 수 있다. 그들은 때로 헬라어를 들이대고, 때로는 케케묵은 동류의 학자들을 갖다 대기도 한다. 웨스트코트나 홀트, 네슬이나 알란드, 그리스바흐, 티쉔돌프, 로버트슨, 메이첸, 그 누구를 불러와도 삭제된 성경 구절을 메꿀 수는 없다. 그 어떤 변명을 얼마만큼 늘어놓아도 그것은 궤변일 뿐이며, 그들의 말에 경청하는 사람은 온전함과 삭제의 의미도 구분할 줄 모르는 자들뿐이다.

예수님께서는 예루살렘으로 향하시는 도중에 사마리아인의 마을로 들어가셨다. 사마리아인들이 주님을 영접하지 않는 것을 보고 야고보와 요한은 기분이 상했다. 주님을 영접하지 않는 것은 죄인들의 자세이다. 충성심에 차 있던 야고보와 요한이 엉뚱한 생각을 하는 것을 본다. 그들의 제안은 "마치 엘리야가 한 것처럼 그들을 살라 버리기를 원하시나이까?"였다.

자칭 하나님의 일을 한다는 사람들이 하나님의 일을 인간적인 방법으로 수행하려고 한다면 그것은 잘못된 생각이다. 영적인 일을 육신적

인 방법으로 하려는 사람들과 같은 것이다. 하나님의 일은 인간적인 방법으로 수행되지 않는다.

어떤 사람들은 죄인을 주님 앞으로 인도해 오는 것을 전부로 알고 있다. 일차적으로 그 일은 매우 중요하다. 『**의로운 자의 열매는 생명의 나무니, 혼들을 이겨오는 자는 현명하니라**』(잠 11:30). 설교와 선교, 전도집회의 목적은 일차적으로 죄인들을 예수 그리스도 앞으로 인도하는 데 있다.

교회는 이들 구원받은 사람들을 양육하는 데 더 많은 노력을 경주한다. 왜냐하면 갓 구원받은 영적인 어린 아기는 예수 그리스도를 위해 아무 일도 할 수 없기 때문이다. 예수 그리스도께서 자기 사람을 지상에 두신 목적은 교회를 하기 위한 것이 아니라 예수님을 대적하는 마귀의 세력들이 그리스도인을 공격하여 믿음을 상실하게 할 때 그들을 대적하여 진리를 수호하고 믿음을 지키는 데 있다. 그 일을 하려면 구원받은 사람이 말씀으로 양육되어야만 기도에도 능력이 있게 되기 때문이다(엡 6:10-18).

우리 주위에는 전혀 복음을 전하지 않고 교회놀이만 하는 교회들도 많다. 또 구령하고 선교한답시고 이상한 행동들을 해서 결국 교회로 사람을 모으는 수단으로 쓰는 데도 있다. 또 어떤 꼴불견들은 자신들도 구원받지 못했으면서 상투적으로 복음을 흉내내기도 한다. 이들과는 달리 성경으로 훈련되고 성령으로 충만한 소수의 무리들은 성경대로 복음을 전하여 죄인들에게 예수님을 구세주로 믿고 영접케 하여 즉각적으로 양육시키기도 한다.

사마리아 마을에 들러 예수님의 가르침에 따르지 않는 그들을 보고 야고보와 요한은 분노했다. 하나님의 일은 하나님과 영적 관계를 유지하는 사람에 의해서 수행되며, 성령으로 충만한 그 사람에게 위로부터 내려 주시는 지혜와 능력이 있을 때 가능하다. 세상이 하나님을 거역한 것은 어쩌면 당연하다. 예수님을 영접하지 않는다고 해서 화를 내는 것은 육신적이다. 육신적인 방편으로 영적인 일을 수행할 수 없는 것이다. 그것이 비록 주님께 대한 충성심의 발로라 할지라도 주님께는 수용될 수 없는 일이다.

예수님께서는 즉시 그들을 꾸짖으신다. 그런 생각을 지니고 사마리아인들을 불태운다는 것은 성령의 역사가 아니라 악령의 역사이다. 비록 주님을 섬기는 사람이라 할지라도, 또 주님께 쓰임받는 사람일지라도 자신의 목적을 위하여 어떤 수단이라도 불사하는 것은 결코 주님을 기쁘시게 해드릴 수 없다. 왜냐하면 그것은 하나님의 능력으로 수행되는 일이 아니기 때문이다.

예수님께서는 이어서 말씀하신다. 『인자**는 사람들의 생명을 멸하려고 온 것이 아니라 구원하려고 왔느니라.**』고 하시고 그들을 데리고 다른 마을로 가셨다. 우리가 여기서 볼 수 있는 것처럼 복음은 강제성을 띠면 안된다. 깊은 사려 없이 순간적인 감정으로 복음을 받아들였다고 해서 그가 한 그루의 그리스도인이라는 나무로 성장한다는 보장이 없기 때문이다.

복음은 단순하기 때문에 단순하게 전해야 한다. 상대가 거절한다고 해서 강제로 복음을 집어 넣을 수는 없는 것 아닌가! 그리스도인은 복음을 전해야 하는 강한 책임감을 지녔다. 그렇기 때문에 구령의 열정을 달라고 기도해야 한다.

복음을 전하는 사람은 먼저 자신을 돌아봐야 한다. 그리스도인이 주의 만찬을 놓고 자신을 돌아보아 적합지 않으면 빵과 잔을 밀치듯이 말이다. 하나님 앞에서 전혀 인정받지 못하는 자가 남의 시선 때문에 복음을 전한다고 나서는 것은 육신적인 일에 불과하다. 더러운 그릇에다 깨끗한 음식을 담았다고 해서 그 음식을 먹을 수 있겠는가? 성막으로 들어가려면 먼저 마당의 물두멍에서 손을 씻어야 하지 않는가? 진리를 전달하는 매체는 우선 깨끗해야 한다.

복음을 전파하고 난 후에 내팽개치게 되면 아기를 낳아서 내팽개치는 것과 같다. 아기를 낳았으면 (말씀의) 물로 씻겨서 순수한 젖으로 먹여야 하지 않겠는가?

31단어나 삭제된 〈개역한글판성경〉으로는 복음은 물론, 제자들이 왜 그런 말을 했는지, 엘리야가 불을 내려 왕의 신하들을 태웠던 일(왕하 1:10,12)이 이 신약성경에서 인용된 것도 모르며, 인자(이스라엘에게 오신 메시야)가 오신 목적이 무엇인지도 모두 모르게 되어 있다.

4

거짓말로 하는 강해설교

욥기 4:18-21

<한글킹제임스성경>

18 보라, 하나님은 자기 종들에게도 신뢰를 두지 아니하시며 그의 천
사들도 우둔하다 책망하시나니
19 좀 앞에서도 부서져 버리는 먼지에 기초를 둔 진흙집에 사는 자들
은 얼마나 덜 신뢰하시겠느냐?
20 그들은 아침부터 저녁까지 멸망하고 아무도 생각해 주는 이 없이
영원히 멸망하리라.
21 그들 안에 있는 그들의 훌륭함이 사라지지 아니하겠느냐? 그들은
지혜도 없이 죽는도다.' 하더라.

<개역한글판성경>

18 하나님은 그 종이라도 오히려 믿지 아니하시며 그 사자라도 미련
하다 하시나니

19 하물며 흙집에 살며 티끌로 터를 삼고 하루살이에게라도 눌려 죽
을 자이겠느냐?
20 조석 사이에 멸한 바 되며 영원히 망하되 생각하는 자가 없으리라
21 장막줄을 그들에게서 뽑지 아니하겠느냐? 그들이 죽나니 지혜가
없느니라

삭제, 오역을 말하기 이전에 〈한글킹제임스성경〉 없이 개역성경만 읽고서 그 뜻이 무엇인지조차 알기 어렵다. 양심 있는 사람이 있다면 솔직하게 말할 것이다. 그런데 이 성경을 읽고 설교하는 사람이 있다면 그의 설교가 얼마나 엉터리일 것인가를 한 번 살펴보자. 또 이를 근거로 주석성경을 펴낸 사람이 있다면 그 또한 거짓말을 하는 것이 아닌가? 어디 이 뿐인가? 요즘 강해설교를 가르친다는 사람들이 종종 있는데, 틀린 본문을 가지고 어떻게 강해설교를 가르칠 것인가? 모두가 거짓말을 하고 있는 것이다. 틀린 성경을 가지고 강해설교를 하고 주석을 쓴다는 것이 가능하다고 생각하는 그들은 자료에 상관없이 형식만 갖추어 설교문을 작성하고 또 설교를 한다. 이들의 논리는 성경 본문은 옳든지 틀렸든지 불문하고 강해설교만 가르치면 된다는 것이다. 성경 본문이 더 중요한가, 강해설교 그 자체가 더 중요한가?

본문을 읽고서 무슨 뜻인지도 모르는데 그 성경에서 무엇을 얻을 수 있겠는가? 무슨 뜻인지 모르는 그 성경이 어떻게 그 사람에게 영적 양식이 되겠는가? 우리가 성경을 읽는 것은 영적 양식을 얻기 위해서이다. 겉사람이 생명을 유지하고 활동하기 위해서는 영양가 있는 음식

을 먹어야 하듯이, 속사람도 생명을 유지하고 활동하기 위해서는 영양가 있는 음식을 섭취해야 믿음 위에 바로 서고, 거짓 교리를 분별할 줄 알게 되고, 하나님과의 교제가 가능하다. 성도가 성경을 읽지 않으면 영이 새롭게 되지 못하며 따라서 마음이 새롭게 되지 못한다. 그렇게 되면 성도는 믿음의 생활을 견지하지 못하게 되며, 세상 지향적인 삶을 살게 되고, 세상 지향적으로 살다 보면 믿음은 오히려 거추장스럽게 된다. 세상 친구, 세상 음악, 세상 영화, 세상 소설, 세상적 삶의 방식에 치중하게 되면 영적 삶이 무의미하게 된다. 영적 삶이 무의미하게 되면 성경의 예언과 약속들을 믿을 수 없게 된다. 그대로 믿을 수 없게 되면 예수님을 만나는 소망을 갖지 못하게 된다.

그리스도인과 세상 사람과는 무엇이 다른가? 그리스도인은 성경의 약속을 그대로 믿고 사는 사람이지만 세상 사람들에게는 그런 약속이 전혀 무의미한 것이다. 성경적 사실을 믿을 수 없는 세상 사람에게 성경이 왜 필요하겠으며 강해설교이든 본문설교이든 무슨 상관이 있겠는가? 틀린 성경은 영적 양식이 되지 못한다. 아무리 여러 번 읽었다 해도 아무것도 건질수 없는 것이다. 성경의 저자는 성령님이신데 성령님께서 틀린 성경으로는 하나님을 잘 알 수도 없고 믿을 수도 없는 줄 뻔히 아시면서 어떻게 틀린 성경을 그 교회에 주시면서 자기를 잘 믿으라고 하셨겠는가?

성경의 어떤 부분이 틀리게 되면 그 부분만 틀리는 것이 아니라 성경 전체가 맞지 않게 된다. 그리스도의 몸이 유기체이듯이 성경도 유기체이다. 모자이크나 퍼즐처럼 제 짝이 맞아야 된다. 왜 그 단어가 그 자리에 있어야 하는가를 스스로 증명해 주고 있는 것이 성경이다.

번역자가 성경을 번역할 때 하나님을 속일 수 없다. 만일 어떤 오류가 스며들어 있는데 지금 드러나지 않았다면 언젠가는 드러나게 되어 있기 때문이다. 성경은 서로 모르는 40여 명의 저자들이 1500년이란 기간 동안 우주 만물과 인간의 창조, 인간의 타락과 인간에 대한 하나님의 섭리적인 계획, 예수 그리스도의 탄생, 죽음, 부활, 승천, 성령의 내주, 구속, 거듭남, 휴거, 재림, 천년왕국, 영원세계 등을 기록했는데도 어떤 모순도 오차도 관조의 차이도 없었다는 것이 이 점을 뒷받침해 주고 있다.

하나님을 바로 알기 원하는 사람은 바른 성경을 거부하지 않는다. 바른 성경을 거부하면서도 하나님을 잘 믿을 수 있다고 하는 사람들은 대체 누구인가? 영적 양식이 필요 없는 사람들이 아닌가! 하나님의 말씀을 무기력하게 만들어 마귀의 공격에 무기로 쓰지 못하게 하는 사람들이 아닌가! 그 말씀의 의미를 알든 모르든 상관하지 않는 사람들이 아닌가! 하나님의 말씀 보존에 관해 어떤 책임도 지지 않는 사람들이 아닌가!

하나님께서 말씀보존학회를 세워 주시지 않고 〈한글킹제임스성경〉이 아직껏 나오지 않았다면 여전히 그런 목사들처럼 틀린 성경으로 강해설교를 할 수 있다고 교인들을 계속 속였을 것이 아닌가! 그들이 외국에 가서 영어 〈킹제임스성경〉으로 주경신학이나 설교학이나 성경 해석학 등을 공부하고 돌아와서 개역성경을 가지고는 그들이 배운 것을 활용할 수 없는데도 불구하고 먼저 자신들을 속이고 그들 교인들을 속이는 것이다.

필자가 여기에서 〈한글킹제임스성경〉으로 인용한 구절도 개역성경처럼 잘 이해가 되지 않는가? 욥기 13:23-28까지 다시 한 번 대조해 보기 바란다. 그 곳에서도 역시 개역성경이 무엇을 말하는지 이해할 수 없을 것이다. 개역성경에는 이러한 오류가 70,000군데가 된다는 사실을 기억해야 한다.

당신은 예수 그리스도를 자신의 구주로 믿고 주님으로 섬기고 있는가? 당신은 예수 그리스도를 사랑하는가? 진심으로 사랑하는가? 그러면 그분의 계명을 지키는 사람이 되어야 할 것이다(요 14:15).

5

개역성경의 실체

에스더 8:10

<한글킹제임스성경>

『그가 아하수에로왕의 이름으로 쓰고 왕의 반지로 인친 칙서들이 말 탄 전달자들과 노새와 낙타와 작은 낙타를 탄 자들에 의해 보내졌더라.』

<개역한글판성경>

『아하스에로왕의 명의로 쓰고 왕의 반지로 인을 치고 그 조서를 역졸들에게 부쳐 전하게 하니 저희는 왕궁에서 길러서 왕의 일에 쓰는 준마를 탄 자들이라.』

<King James Version>

『...by posts on horseback, and riders on mules, camels, and young dromedaries :』

※ 말탄 전달자 : by posts on horseback

※ 노새를 탄 자 : camels

※ 작은 낙타 : young dromedaries (아라비아산 단봉낙타)

위의 문맥의 용어들을 보면 전혀 거짓말하지 못하게 되어 있다. 그런데 개역성경의 번역처럼 "저희는 왕궁에서 길러서 왕의 일에 쓰는 준마를 탄 자들이라"는 표현은 어떻게 해서 그들 성경에 옮겨진 것일까?

<NIV>

『...by mounted couriers, who rode fast horses especially bred for the king』

<RSV>

『...by mounted couriers riding on swift horses that were used in the king's service, bred from the royal stud.』

<NRSV>

『...by mounted couriers riding on fast steeds bred from the royal herd』 (난외 주석에 herd의 의미는 불확실함이라고 적고 있음.)

<NASV>

『...by couriers on horses, riding on steeds sired by the royal stud.』

성경 원문을 강의하는 전세계 신학교의 99%가 필사본 계열을 말하고, 시내사본, 바티칸사본을 말하고, 어느 원문이 더 좋다고 가르치고 있지만 그들은 자기들도 모르는 것을 가르치고 있음을 스스로 증명하고 있다.

우리 킹제임스성경신학교에는 '문제의 구절들'이라는 과목이 있어 학생들에게 임의로 책과 장과 절을 선정하여 〈한글킹제임스성경〉과 개역성경을 공개적으로 대조하게 한다. 이것은 〈킹제임스성경〉에 오류가 있다고 말하는 어설픈 자들을 반박하는 자료이기도 하다. 시간이 흐르면 흐를수록 학생들은 누군가가 엄청난 죄악을 저질러 놓았다는 것을 실감하게 되며, 대한성서공회는 물론이요 신학자로 자처하고, 유명한 목사라고 자처하며, 개역성경을 99독했느니 100독했느니 하는 사람들이 많은데도 성경을 제대로 읽지 않았음이 증명된다. 성경을 읽으면 무엇하겠는가? 왜 성경을 읽는가? 깨닫기 위해서가 아닌가? 깨닫지 못하는데 어떻게 알 수 있는가? 알지도 못하는데 읽어서 무엇하겠는가? 읽지 않았는데 어떻게 비교할 수 있으며, 비교할 수 없는데 무엇이 어떻게 틀린지 찾아낼 수 있겠는가?

〈킹제임스성경〉은 히브리 맛소라 원문 그대로이다. 〈킹제임스성경〉을 제외한 모든 성경들은 히브리어를 모르는 일단의 학자들이 그처럼 엉터리로 변개시켜 놓은 것에 불과하다. 위에서 대조해 보고 알 수 있듯이 그들은 직역하지 않았다. 그들은 모두 시내사본과 비타칸사본을 칭송하는 자들인데도 그들 서로 간에 번역이 다른 것은 무슨 연유에서일까? NRSV는 그들 문맥에 들어 있는 herd라는 용어의 의미도 불확실하다고 쓰고 있다.

성경을 모르면서 성경 번역에 관여하고, 성경 원문을 모르면서 이런저런 원문이 옳다고 가르치며 생계를 유지하는 그들이 얼마나 비참한 자들인가? 이들은 전혀 하나님의 말씀의 중요성을 알지 못한다. 변명할 여지가 없는데도 어느 장소에서든지 언성을 높이며 한 번도 구경해보지 못한 시내사본과 바티칸사본이 원문에 가깝다며 입에 거품을 내면서 변명하는 것이다. 그들의 모습이 얼마나 가관인지 아는가? 스스로 학자인 체하면서 자기들의 배를 위해 거짓말을 참말처럼 하는 그들은 하나님을 팔아 거짓말하며 먹고사는 것이다. 『**그러한 자들은 우리** 주 예수 그리스도를 **섬기는 것이 아니라 자기들의 배를 섬기는 것이니 정중한 말과 그럴 듯한 언변으로 순진한 사람들의 마음을 미혹하느니라**』(롬 16:18).

- **시내사본에 삭제된 부분**

창세기 23:19-24:36, 민수기 5:27-7:20, 열왕기상 9:27-19:17, 출애굽기, 여호수아, 재판관기, 사무엘상, 사무엘하, 열왕기상, 열왕기하, 에스겔, 다니엘, 호세아, 아모스, 미카, 사도행전 8:37, 로마서 16:24, 마태복음 16:2,3, 마가복음 16:9-20, 요한복음 5:4, 8:1-11, 요한일서 5:7. 대신 '허마의 목자'(The Shepherd of Hermas), '바나바 서신'(The Epistle of Barnabas) 등의 외경이 포함되어 있다.

- **바티칸사본에 삭제된 부분**

창세기 1:1-46:28, 요한계시록, 사무엘상, 열왕기상, 느헤미야 일부, 시편 105:26-137:6, 디모데전서, 디모데후서, 빌레몬서, 히브리서

9:14 이후. 대신 구약 외경을 담고 있다.

이상의 기록들을 참조할 때 시내사본과 바티칸사본이 원문을 제대로 전수했다고 주장하는 것은 역시 전혀 알지 못하는 자들의 근거 없는 말 외에는 아무것도 아님을 알 수 있다.

성경에 관한 한 주의할 점이 여러 가지 있다.

첫째, 모르면 가만히 있어야 한다. 성경 원문이 어떻고 번역이 어떻고 하지만, 약 80만 개나 되는 성경의 단어들은 서로 연관되어 있다는 것을 알아야 한다. 서로 연관을 갖지 않아도 된다면 굳이 하나님의 영감으로 기록될 필요도 없었을 것이다. 믿음이 없이 하나님을 믿는다고 거짓말하는 자유주의자들에게는 성경이 하나님의 영감으로 기록되었다는 말이 이해되어질 리가 없다.

둘째, 사탄이 변개시킨 성경의 편에 서서 옹호하는 발언을 해서는 안 된다. 변개된 성경으로는 자신의 신앙 노선을 지지할 수 없게 된다. 그가 무엇을 주장하든 간에 진리가 쇠망치가 되어 계속 내려치게 되어 있다. 그의 거짓말이 무지한 자들에게는 통용되어 왔을지 모르지만 진리를 수호하고 따르는 사람들 앞에서는 수치로 되돌려 받게 되기 때문이다. 그런 수치는 그가 살아 있는 동안에는 물론이요 죽은 후에도 계속 공격의 대상이 된다는 것을 알아야 한다. 그리스바흐, 티쉔돌프, 웨스트코트, 홀트, 네슬 등의 이름은 성경을 믿는 사람들의 핀잔의 대상일 뿐이다. 변개된 성경을 옹호하는 자들은 자신의 벌거벗음도 모르고, 무지가 눈 앞에 깔려 있는데도 모르면서 그 위에서 뒹구는 것과 같다.

셋째, 〈킹제임스성경〉을 제외한 모든 영어 성경으로는 교리를 점검할 수 없듯이 그래서 이상한 신학과 교리가 확산되었듯이, 〈개역성경〉으로는 교리를 점검할 수 없다는 사실을 명심해야 한다. 바른 성경을 놓고 비평하는 자들은 모두 다 성경을 보존하려는 의도가 아니라 없애자는 마귀적 발상에서 비평하는 것일 뿐이며 그런 비평은 파괴적 비평으로 하나님의 시간을 낭비케 하고 하나님의 일을 깎아 내리려는 저의에서 나온 것임을 알아야 한다.

바른 성경은 하나님의 섭리적인 인도하심이 없이는 허락되지 않는 것이다. 에스더 8:10과 같은 부분이 70,000 군데가 넘는 것이 바로 〈개역성경〉의 실체임을 정확히 인식해야 할 것이다.

6

이사야의 글로 둔갑된 선지서들

마가복음 1:2-3

<한글킹제임스성경>

2 선지서들에 기록된 바와 같이 "보라, 내가 네 면전에 나의 사자를
보내리니, 그가 네 앞서 네 길을 예비하리라.
3 광야에서 외치는 자의 음성이 있어 '너희는 주의 길을 예비하고 그
의 길을 곧게 하라.'"고 하였더라.

<개역한글판성경>

2 선지자 이사야의 글에 보라 내가 내 사자를 네 앞에 보내노니 저가
네 길을 예비하리라
3 광야에 외치는 자의 소리가 있어 가로되 너희는 주의 길을 예비하
라 그의 첩경을 평탄케 하라 기록된 것과 같이

마가복음 1:2은 말라키 3:1을 인용한 예언이다. 『**보라, 내가 내 사자를 보내리니, 그가 내 앞에서 길을 예비하리라**』(말 3:1). 또 마가복음 1:3은 이사야 40:3을 인용한 예언이다. 『**광야에서 외치는 자의 음성이 있어 "너희는 주의 길을 예비하라. 사막에서 우리** 하나님**의 대로를 곧게 하라**』(사 40:3).

이상의 필사본 증거들을 통해서 볼 때 마가복음 1:2,3은 누구도 거짓말하지 못할 명백한 구절들이다. 그런데 어떻게 해서 어떤 사람이 마가복음 1:2을 "선지서들"이 아닌 "선지자 이사야의 글"이라고 고쳤을까? 어느 무지한 자가 "너희는 주의 길을 예비하라"를 보고 이사야서로 단정한 것임에 틀림없다. 그는 성경을 바로 알지 못하면서도 성경에 관해 말하고, 성경에 관해 가르치는 현대의 알렉산드리아 이단들과 같은 수준의 사람이다. 사람들은 이것을 좋게 표현해서 '실수'라고 한다. 만일 이 실수가 성경에서 저질러지지 않았다면 그의 명성, 경력, 인지도 등에 따라 조금은 용납될지 모르지만 이것은 성경에 범한 실수이기에 하나님께 불경한 죄를 지은 것이요, 말씀을 변개시킨 죄를 범한 것이다.

그렇다면 이런 어처구니없는 실수를 범한 자는 과연 누구이며, 그 변개된 성경을 마치 바른 성경인 양 성경의 영감성, 무오성을 가르치며 강조하는 자들은 누구인가? 그런 자들은 스스로가 위선자들임을 증명하고 있는 것이다. 만일 이런 어처구니없는 실수를 찾아내는 사람이 없었다면 그들의 무지한 주장들을 참 지식인 양 자랑하면서, 시내사본이 어떻고 바티칸사본이 어떻고, 네슬판이 어떻고, ASV, NIV가 어떻고 하며 성경에 관해 잘 아는 것처럼 행세하지 않았겠는가? 실제로 이들은 그런 행위를 하면서 “배를 채우는” 자들이다. 대한성서공회에서 일하는 사람들 중에 이 점에 관해 알고 있는 사람이 한 명이라도 있는가 보라. 그들은 심지어 하나님의 말씀을 성경이라 말하지도 못하고 ‘성서’라고 부르고 있지 않은가?

유세비우스와 어거스틴과 제롬은 성경 필사와 번역에 관여하면서 오리겐이 변개시켜 놓은 칠십인역을 사용함으로써 마가복음 1:2이 이사야 40:3을 인용한 것이라고 추측하게 되었다. 이들의 추측으로 인해 생긴 이 어처구니없는 실수를 영어개역본(RV), 미국표준역본(ASV), 영어개역표준역본(RSV) 등의 영어 성경들과 한글개역성경, 표준새번역 같은 대한성서공회 성서들도 여과 없이 받아들인 것이다.

이런 실수를 놓고 볼 때 우리를 더욱 분노케 하는 것은 이들 성경 번역에 참여한 소위 자칭 학자들(사실은 학자가 아니지만)이 원문에 대한 시비가 있을 때 오리겐 등의 실수로 야기된 성경 변개를 옹호하고 나서는 점이다. 이들은 불의의 편에 서서 선을 힐책하여 배를 채우는 자들이 되었다. 성경은 이런 자들에게 화가 있다고 경고하셨다. **『악을 선하다 하고 선을 악하다 하는 자들과 빛 대신 어두움을, 어두움 대신에 빛을 두며, 단 것 대신에 쓴 것을, 쓴 것 대신에 단 것을 두는 자들에게 화로다! 자기 자신의 눈에 현명하다 하고 자기 자신이 보기에 총명하다 하는 자들에게 화로다!』**(사 5:20,21).

위에 설명한 바와 같이 마가복음 1장 2절과 3절은 말라키와 이사야, 두 개의 선지서들을 인용한 것이다. 사탄이 변개시킨 성서들처럼

"선지자 이사야의 글"이 아니라, 보존된 성경대로 "선지서들"로 되어야 한다.

마가복음 1:2,3을 더 살펴보자. 여기에는 심오한 신학적 의미가 있다.

1. 예수 그리스도의 신성에 관한 사실

말라키 3:1에는 『**보라, 내가**(여호와 하나님께서) **내 사자를**(침례인 요한을) **보내리니, 그가**(침례인 요한이) **내**(여호와 하나님) **앞에서 길을 예비하리라.**』고 기록되어 있다. 그러나 마가복음 1:2에서는 『**보라, 내가**(아버지 하나님께서) **네**(예수님) **면전에 나의 사자를**(침례인 요한을) **보내리니, 그가 네**(예수님) **앞서 네**(예수님) **길을 예비하리라.**』고 기록되어 있다.

이 두 구절을 비교함으로써 예수 그리스도가 바로 여호와 하나님이시라는 사실을 알 수 있는 것이다. 오리겐은 자신이 다루었던 마가복음 1:2이 말라키 3:1인 것은 알았지만 예수 그리스도가 육신으로 나타나신 여호와 하나님이라고 시인하기를 거부했던 것이다. 그는 오늘날의 여호와의 증인들처럼 예수 그리스도가 하나님의 피조물이라고 믿고 있었던 에비온(Ebionites) 학파였기 때문에 이 부분을 변개시켰던 것이다.

2. 침례인 요한의 역할

침례인 요한은 말라키 4:5에서 예언한 선지자 엘리야의 변신이다. 『**보라, 내가 주의 크고 무서운 날이 오기 전에 선지자 엘리야를 너희**

에게 보내리니』(말 4:5). 유대인들이 예수님을 그들의 메시야로 영접했더라면 침례인 요한은 엘리야가 될 수 있었다. 유대인들이 침례인 요한에게 "네가 엘리야냐?"고 물었을 때 침례인 요한은 그 사실을 부인했었다. 유대인들이 예수님을 메시야로 영접할 시대적 여건이 아니었기 때문이다. 그러나 예수님께서는 어떠하셨는가? 예수님께서 말씀하시기를 『**모든 선지서와 율법은 요한까지 예언한 것이라. 만일 너희가 그 사실을 받을 의향만 있다면, 오기로 약속된 엘리야가 바로 그 사람이니라**』(마 11:13,14)고 하셨다.

구약에서는 예수님의 초림과 재림을 뚜렷이 구별하지 않고 왕의 오심(advent of the King)으로만 표현했다. 왜냐하면 예수님의 초림 때 유대인들이 그분을 왕으로 영접했더라면 초림이 재림이 되었을 것이기 때문이다(따라서 신약 복음서 특히 마태복음에서 초림과 재림의 중복을 구분할 수 없는 학자들 때문에 분명히 다른 두 용어인 천국과 하나님의 나라를 구분짓지 못하고 혼란스럽게 된 것이다). 결국 사도행전 7장에서 스테판이 마지막으로 유대인들에게 메시야를 전파했지만 그들이 스테판을 돌로 쳐죽임으로써 천국은 교회시대 뒤로 연기되었고 침례인 요한은 엘리야가 될 수 없었던 것이다.

천국복음이 거부되고 나서 은혜의 복음이 이방인들에게 전파되었다. 『**그러면 내가 말하노니 그들이 실족함으로 넘어졌느냐? 결코 그럴 수 없느니라. 도리어 그들의 실족으로 구원이 이방인들에게 이르렀으니 이는 그들로 시기하게 하려 함이니라**』(롬 11:11). 주님께서 왕으로 오시기 전에 크고 무서운 "주의 날"이 앞서게 되어 있다. 교회는 신비였다. 특히 이방인들의 구원에 관해서는 구약의 선지자들도 열심히 조사하고 살펴보았던 것이라고 베드로는 베드로전서 1:9,10에서 말하고 있다.

성경을 변개시킨 자들이 이런 진리의 지식을 깨달을 수 있겠는가? 하나님의 말씀의 저자는 성령님이신데 그분께서 자신의 말씀을 변개시킨 자들에게 조명과 명철을 주시겠는가? 만일 그런 자들에게도 계시가 있다고 한다면 그들 안에 역사하는 영은 성령이 아니라 악령이다. 영적 지식은 사람이 원하는 대로 깨닫게 되는 것이 아니라 성령님의 도우심으로만 얻어지는 것이다. 『**주를 두려워하는 것이 지혜의 시작이요, 거룩한 이에 대한 지식은 명철이니라**』(잠 9:10).

하나님을 두려워하는 자는 성경을 함부로 변개시킬 수 없다.

7

예후디가 손칼로 두루마리를 잘랐는데

예레미야 36:21-24

<한글킹제임스성경>

21 왕이 예후디를 보내어 두루마리를 가져오게 하자 예후디가 서기관
엘리사마의 방에서 두루마리를 가져다가 왕과 왕 옆에 서 있는 모
든 고관들의 귀에 그것을 읽어 주었더라.
22 그때 왕이 아홉째 달에 겨울 궁에 앉았고 그의 앞에는 화덕 위에
타오르는 불이 있더라.
23 예후디가 서너 장을 읽고는 그것을 손칼로 잘라서 화덕에 있는 불
에 던지니 온 두루마리가 화덕에 있는 불에 다 탔더라.
24 그 왕이나 그의 신하들이 이 모든 말씀들을 듣고서도 두려워하거
나 그들의 옷을 찢지 아니하였더라.

<개역한글판성경>

21 왕이 여후디를 보내어 두루마리를 가져오게 하매 여후디가 서기관

엘리사마의 방에서 가져다가 왕과 왕의 곁에 선 모든 방백의 귀에
낭독하니
22 때는 구월이라 왕이 겨울 궁전에 앉았고 그 앞에는 불 피운 화로
가 있더라
23 여후디가 삼편 사편을 낭독하면 왕이 소도로 그것을 연하여 베어
화로 불에 던져서 온 두루마리를 태웠더라
24 왕과 그 신하들이 이 모든 말을 듣고도 두려워하거나 그 옷을 찢
지 아니하였고

예레미야 36장은 성경 변개와 관련하여 두 가지 중요한 의미를 제시해 주고 있다.

첫째, 히브리어 맛소라 원문에는 "예후디가 서너 장을 읽고 나서 그것을 자기의 손칼로 잘라서 화덕에 있는 불에 던졌다"고 되어 있는데, 알렉산드리아 계열 사본들에는 "왕이 베어서 불에 넣었다"로 바꾸어져 있다(한글개역성경 참조). 한글개역성경에서는 "왕"을 작은 글자로 쓰고 있다.

본문에서 예후디가 왕 앞에서 하나님의 영감으로 기록한 말씀을 잘라서 없애버린 것은 그렇게 하면 자기들에게 내린 경고와 심판에서 벗어날 수 있으리라는 어리석음에서 나온 것이다. 마치 교회시대에 지옥을 성경에서 지우면 지옥의 형벌에서 면제되는 것으로 착각하는 어리석음과 같은 짓을 저지른 것이다.

둘째, 본문은 성경 삭제와 관련이 있다. 하나님의 영감으로 기록하신 말씀을 예후디가 손칼로 잘라서 화덕불에 넣어 불살라 버렸기에

원본은 없어지고 만 것이 아닌가! 예후디는 분명히 성경을 삭제한 것이다. 그렇다고 이 문제가 하나님께서 성경을 보존하시는 것에 대해 어떤 영향을 끼칠 수 있겠는가?

『**모든 성경은** 하나님**의 영감으로 주어진 것으로 교리와 책망과 바로잡음과 의로 훈육하기에 유익하니 이는** 하나님**의 사람이 온전하게 되며, 모든 선한 일에 철저히 구비되게 하려 함이니라**』(딤후 3:16-17). 여기서 모든 성경(all Scripture)은 원본만을 말하는 것이 아니다. 외국어로 된 성경은 그 외국어를 모르는 사람에게는 그야말로 하얀 것은 종이요, 까만 것은 글자라는 것 외에는 아무런 의미도 없다. 히브리 맛소라 원본이 있다 해도 히브리어를 "잘"(완전히 해독하고 그 의미를 알고 자유로운 해석을 할 수 있는 경우) 모르는 사람에게는 그 원본은 그의 성경이 될 수 없는 것이다. 헬라어 〈표준원문〉도, 독일 〈루터성경〉도, 영어 〈킹제임스성경〉도 마찬가지이다. 자기의 성경이란 자기가 쓰고 있는 언어로 된 성경을 말한다. "Scripture"란 바로 그 성경을 말한다.

성령님께서는 성경 기록자들에게 영감을 주시어 구약은 히브리어(맛소라)로 신약은 헬라어(표준원문)로 일점일획의 오류가 없게 기록해 놓으셨다. 그런데 여기 본문에서 예후디가 원문을 칼로 잘라 불에 태워버렸다면 원문이 없어져 버린 것인데 이 영감으로 기록된 원문을 어디서 찾을 수 있겠는가? 인간이 그 사실을 믿지 않는다고 해서 하나님의 신실하신 약속이 무효화 되겠는가?(롬 3:3)

우리는 여러 신학교에서 성경에 관해서 가르치며 생계를 유지하는 사람들이 학생들에게 얼마만큼 거짓말을 하고 있는지 이제 알게 될 것이다. 우리 하나님은 거짓말하지 않는 하나님이심을 믿을 수 있다면, 거짓 학자들이 최초의 원본에만 영감이 주어졌다는 거짓말도 하지 않을 것이며, 원본이 없기 때문에 완전한 번역본은 있을 수 없다는 거짓말도 하지 않을 것이며, 성경 원어를 모르면 성경을 알지 못한다는 거짓말도 하지 않을 것이다.

하나님께서 그분의 말씀을 보존하지 않으셨다면 왜 영감으로 기록하셔야 했겠는가? 성경을 보존할 책임은 누구에게 있는 것인가? 인간 마음대로 보존하고 싶으면 하고 하기 어려워서 그만두었다면 이 세상에 누가 바른 하나님의 말씀을 갖고 있을 수 있겠는가?

영감으로 기록된 하나님의 말씀이 보존된 것인지 안된 것인지 모른다면 당신은 당신이 예수 그리스도의 피로 죄를 용서받았다는 사실을 어떻게 알 수 있겠는가? 구원받은 사람에게 성령이 내주하시어 모든 진리에로 인도해 주신다는 사실을 어떻게 알 수 있겠는가? 죽으면 셋째 하늘의 낙원에 간다는 사실을, 살아 있는 동안에 예수님이 오시면 들림받는 사실을 어떻게 알 수 있겠는가? 그리스도의 재림, 천년왕국, 백보좌심판, 새예루살렘을 어떻게 알 수 있겠는가?

원본이 보존되었는지 안되었는지 모르는 사람들이 이런 성경적 사실들을 어떻게 가르칠 수 있겠는가? 만일 가르치고 있다면 자기도 믿지 않는 것을 거짓되이 가르치는 것이 아닌가? 한 은하계에 천억 개 이상의 별을 가진 은하계를 3천억 개 이상 만드신 하나님께서 자신의 말씀 800,000 단어를 보존할 수 없으시겠는가? 만일 어떤 사람이 성경은 하나님의 영감으로 기록되었다는 사실만 믿고 그 성경이 보존되었다는 사실은 믿지 않는다면 그 사람에게는 커다란 문제가 생기게 된다. 그 이유는 존재하지도 않는 성경에 대하여 영감의 중요성을 말하고 있기 때문이다. 소위 학자라는 사람들이 쓴 책들과 그들이 하고 다니는 말을 보면, "성경의 무오성", "영감받은 성경", "성경을 읽자", "성경으로 돌아가자" 등의 말을 한다. 그들은 도대체 어떤 성경을 말하고 있는 것인가? 하나님의 말씀이 하나님의 능력으로 다 보존되었다고 믿지 않는 사람은 성경의 존재를 부인하는 사람이다. 하나님께서는 자신의 말씀을 영원히 보존하시겠다고 약속하셨다. 『**주의 말씀들은 순수한 말씀들이라. 흙 도가니에서 단련되어 일곱 번 정화된 은 같도다. 오 주여, 주께서 이 말씀들을 간수하시리니 주께서 이 세대로부터 영원토록 그것들을 보존하시리이다**』(시 12:6,7).

카톨릭 계열 성경이 본문을 왕이 잘라 불태운 것으로 오역한 것은 27절에서 『**왕이... 말씀들을 불사른 후...**』 때문에 왕이라고 바꿨는지도 모른다. 그러나 성경에는 그런 표현이 여러 곳에 있다. 『**다윗이 다윗 성읍에서 자기를 위하여 궁들을 짓고**』(대상 15:1). "솔로몬이 성소와 지성소의 기명들을 만들었다"(대하 3:3-17; 4:1, 렘 52:20). 이 말은 다윗이나 솔로몬 왕이 직접 자기 손으로 만들었다는 말이 아니다. 마찬가지로 본문에서도 여호와킴의 임재에서 예후디가 잘라 불에 넣었던 것이다.

우리가 본문에서 볼 수 있는 것은 예레미야 36:23에서 예후디가 칼로 잘라 불에 태워버렸던 원본은 영원히 사라져 버린 것이 아닌가! 그러나 성경의 저자는 성령님이심을 우리로 의심할 수 없게 만들어 주고 있다. 이전 두루마리가 불살라진 후 주님의 말씀이 다시 예레미야에게 임하여 불살라진 이전의 말들을 거기에 기록하라고 하셨다. 『**그**

러자 예레미야가 다른 두루마리를 취하여 네리야의 아들 서기관 바룩에게 주니 그가 유다의 여호야킴왕이 불사른 책의 모든 말씀들을 예레미야의 입에서 나온 대로 기록하고 그 외에도 많은 비슷한 말씀들을 거기에 더하였더라』(렘 36:32). 하나님은 성경의 저자이시기에 인간의 손으로 훼손시켰다고 해서 말씀을 잃어버리실 수 없다. 이런 것이 마귀의 계략에 의하여 훼손될 것도 미리 아실 수 있다. 오히려 우리가 알 수 있는 것은 하나님께서는 앞에 훼손된 말씀보다 더 완벽한 말씀을 주셨다는 것이다.

하나님을 믿는다고 하는 사람은 기록된 말씀을 믿는 것인데 그 말씀이 믿을 수 없을만큼 훼손되고 변개되어 있고 심지어 최초의 원본에서 잘못 전수된 것이어서 제대로 보존되지도 않은 것이라고 한다면 그 말씀을 어떻게 믿을 수 있겠는가? 말씀을 믿을 수 없는데 어떻게 주님을 잘 섬길 수 있겠는가? 예후디가 불에 태웠던 원본은 예레미야 45장-51장으로 다시 기록된 것들이다. 우리는 예레미야가 스라야에게 그 두루마리를 읽은 후에 돌에 매어 유프라테스 가운데다 던지라고 한 그 말씀은 불에 태워졌던 그 말씀을 복원한 것임을 알 수 있다(렘 51:63).

자기가 모르는 외국어로 된 성경을 최종권위로 삼고 있는 사람은 제정신이 아닌 사람이다. 박만수 전도사와 인하대학 정동수 교수는 자기들은 킹제임스맨이고, 필자는 TR맨이라고 떠들어대며 다닌다. 또 이들은 〈킹제임스성경〉이 이미 번역되어 있는데도 〈킹제임스성경〉을 번역한다며 소문을 내고 다닌다. 성경을 번역하는 것은 그들의 자유일는지 모르지만 〈한글킹제임스성경〉과 한 구절도 같아서는 안된다는 사실을 알아야 한다. 그들이 〈한글킹제임스성경〉에서 도둑질해다가 그들의 성경을 만들면 표절이라는 점을 알아야 하고 위법하면 어떻게 된다는 것도 알아야 한다.

하루는 필자가 박만수 전도사에게 전화로 물어 보았다. 박 형제에게 참으로 영어 〈킹제임스성경〉이 최종권위가 되느냐고 했더니 그렇다고 했다. 몇 번을 다짐해도 그렇다고 했다. 그 성경이 잘 되었느냐고 물으니 잘 되었다고 했다. 이해하느냐고 했더니 이해한다고 했다. 몇 번이나 읽었는데 잘 되었더냐고 물었더니 대답을 못한 채 한참 있더니 한 번 읽었다고 했다. 박만수 전도사가 한 번 영한사전을 찾아서 읽은 〈킹제임스성경〉이 그의 최종권위가 될 만큼 이해가 되었다고 한다면 그는 뻔뻔스런 거짓말을 하고 있는 것이다. 집에 있는 박 형제의 아버지에게 영어 〈킹제임스성경〉을 펼쳐 보여 주며 최종권위라고 하라 했더니 머쓱해졌다. 그 다음 질문은 영어 〈킹제임스성경〉이 최종권위라면 그것을 그냥 사용하지 왜 번역하느냐고 물었더니 답하지 못했다. 이런 친구들이 있는 것이다. 최종권위란 의미도 모르면서 미국 사람들이 영어 〈킹제임스성경〉을 옹호하는 글을 읽고 한국 사람인 것을 망각한 채 앵무새처럼 그들의 주장을 펴는 것이다. 외국어로 된 성경은 우리나라 사람에게 최종권위가 될 수 없다.

요점은 두루마리 서너장을 잘라 불에 넣은 사람이 왕인지 예후디인지도 중요하지만 원본이 훼손되었으므로 온전한 사본도 번역본도 없다고 주장하는 자들의 자세가 더욱 중요한 것이다.

하나님의 영감으로 기록된 성경은 그분의 섭리적인 방법으로 보존되어 있다. 히브리 〈맛소라원문〉, 헬라어 〈표준원문〉, 독일의 〈루터

성경〉, 프랑스의 〈올리베탄성경〉, 이태리의 〈디다체〉, 스페인의 〈레이나발레라성경〉, 영어 〈킹제임스성경〉, 한국의 〈한글킹제임스성경〉으로 보존되어 있는 것이다.

믿을 성경도 없는데 교회는 왜 존재해야 하며, 신학교는 무엇을 가르치겠는가?

8

누가 그 아버지의 뜻을 행하였느냐?

마태복음 21:28-32

<한글킹제임스성경>

28 그러나 너희는 어떻게 생각하느냐? 어떤 사람에게 두 아들이 있었
는데, 첫째에게 가서 말하기를 '아들아, 오늘 내 포도원에 가서 일
하라.'고 하니,
29 그가 대답하여 말하기를 '아니하겠나이다.'라고 하더니 나중에 뉘
우치고 갔으며,
30 둘째에게도 가서 그와 같이 말하니, 그가 대답하여 말하기를 '예,
아버지. 가겠나이다.'라고 하고는 가지 아니하였느니라.
31 그 둘 중에 누가 그 아버지의 뜻을 행하였느냐?"라고 하시니, 그들
이 주께 말씀드리기를 "첫째이니이다."라고 하니, 예수께서 그들에
게 말씀하시기를 "진실로 내가 너희에게 말하노니, 세리들과 창녀
들이 너희보다 먼저 하나님의 나라에 들어갈 것이니라.
32 이는 요한이 의의 길로 너희에게 왔으나 너희가 그를 믿지 아니하

였기 때문이라. 그러나 세리들과 창녀들은 그를 믿었느니라. 너희는 보고 나서도 뉘우치지 아니하였으며, 또 그를 믿지도 아니하였느니라.

<개역한글판성경>

28 그러나 너희 생각에는 어떠하뇨 한 사람이 두 아들이 있는데 맏아
들에게 가서 이르되 얘 오늘 포도원에 가서 일하라 하니
29 대답하여 가로되 아버지여 가겠소이다 하더니 가지 아니하고
30 둘째 아들에게 가서 또 이같이 말하니 대답하여 가로되 싫소이다
하더니 그 후에 뉘우치고 갔으니
31 그 둘 중에 누가 아비의 뜻대로 하였느뇨 가로되 둘째 아들이니이
다 예수께서 저희에게 이르시되 내가 진실로 너희에게 이르노니
세리들과 창기들이 너희보다 먼저 하나님의 나라에 들어가리라
32 요한이 의의 도로 너희에게 왔거늘 너희는 저를 믿지 아니하였으
되 세리와 창기는 믿었으며 너희는 이것을 보고도 종시 뉘우쳐 믿
지 아니하였도다

본문 그대로 아버지가 큰아들에게 포도원에 가서 일하라고 했을 때 큰아들은 안하겠다고 했다가 나중에 뉘우친 후 갔고, 둘째는 가겠다고 하고서는 가지 않았다. 그런데 개역성경은 이와는 정반대로 큰아들은 가겠다고 했다가 가지 않았고 둘째 아들은 가지 않겠다고 했다가 갔다고 되어 있다. 어느 성경이 옳은 것인가?

본문에 나오는 포도원은 팔레스타인 땅을 말한다. 이 땅은 다윗의

보좌가 있는 왕국이 세워질 약속의 땅이다. 예수님은 이 땅을 받으실 법적 상속자이시다. 시편의 많은 부분에서 다윗과 예수 그리스도가 중복되어 나타나고 있는데, 예수님은 재림하시어 세계를 통치하실 것이지만 팔레스타인 땅을 치리할 왕으로서는 늘 다윗이 제시되는 것을 볼 수 있다. 엄밀하게 말하자면 팔레스타인만을 통치할 통치자는 다윗이고 세계 전체를 통치하실 왕은 예수 그리스도이시다. 그래서 왕(King)과 통치자(Prince)를 유의해서 봐야 한다. 『**내가 한 목자를 그들 위에 세우면 그가 그들을 먹이리니, 곧 나의 종 다윗이라. 그가 그들을 먹일 것이요, 그가 그들의 목자가 되리라. 나** 주는 **그들의** 하나님**이 되고 내 종 다윗은 그들 가운데 통치자가 되리라. 나** 주**가 그것을 말하였노라**』(겔 34:23,24). 『**이는 이스라엘 자손들이 많은 날들 동안 왕도 없고 통치자도 없고 희생제도 없고 형상도 없고 에봇도 없고 트라빔도 없이 거하다가 그후에 이스라엘 자손들이 돌아와서** 주 **그들의** 하나님**과 그들의 왕 다윗을 찾아서, 훗날들에** 주**와 그의 선하심을 두려워할 것임이라**』(호 3:4,5).

다윗은 유대인의 왕이었으며 이스라엘과 연관해서 보면 쉽게 해석된다. 예수님은 만왕의 왕이시며 만주의 주시다. 특히 하나님의 나라, 즉 영으로 거듭나면 하나님의 자녀가 되는 영적 나라의 왕이심을 알아야 한다. 이 나라에 들어가기 위해서는 유대인이라 할지라도 거듭나야만 한다. 교회는 예수 그리스도의 몸으로서 거듭난 사람들이 살아있는 구성 요소가 되는 유기체이다. 그것이 보이는 지역교회로 이 지상에 세워진 것이다. 따라서 지역교회는 반드시 거듭난 지체들로 그리스도의 몸을 이루며 그 머리는 예수 그리스도시다. 그래서 하나님의 피로 사신 하나님의 교회 위에 교단 총회나 그 어떤 권위도 용납될 수 없는 것이며 심지어 정부도 이 하나님의 교회에 어떤 권한을 행사할 수 없는 것이다.

침례인 요한은 메시야의 선두주자로 와서 메시야를 기다리던 유대인들에게 메시야, 즉 왕의 오심을 알리고 그분을 맞이할 회개의 침례를 전했던 것이다. 그때 이스라엘 사람들의 반응은 두 가지로 나타났다. 이 두 가지 반응을 예수님께서는 여기 본문에서 사람들에게 쉽게 알려 주신다. 하나는 큰아들처럼 포도원에 일하러 가지 않겠다고 하더니 뉘우치고 가는 것이고, 다른 하나는 둘째처럼 가겠다고 하고 가지 않는 것이다. 아버지의 뜻은 뉘우치고 포도원으로 가는 것이었다. 뉘우치고 포도원으로 갔던 사람들은 자신들의 죄를 회개하고 요한이 베푼 침례를 받았던 세리들과 창녀들을 말한다. 처음에는 가겠다고 대답만 해 놓고 가지 않았던 아들은 요한이 회개의 침례를 전파했을 때 뉘우치지도 않고 믿지도 않았던 종교 지도자들이었다. 당시 대제사장들, 서기관들, 바리새인들은 바빌론 포로 이래로 유대인들에게 율법을 가르치고 그것을 실행하도록 지도했던 자들이었다. 그러나 정작 그들이 고대했던 선지자가 와서 왕의 오심을 선포했고, 육개월 후에 왕이 오셨으나 그들은 왕을 거부했던 것이다. 예수님께서는 자신이 왕이라는 것을 나타내는 표적과 이적, 가르치심, 말씀의 권위 등으로써 의심하지 못할 만큼 그들에게 알렸으나 그들은 자기들의 지위와 권위를 상실하지 않으려고 오히려 왕을 거부했다. 그들이 죄인으로 정죄했던 세리들과 창녀들은 물가로 와서 침례를 받았으나 종교 지도자들은 받지 않았던 것이다.

그런데 개역성경대로 첫째는 가겠다고 하더니 가지 아니하고 둘째는 가지 않겠다고 하더니 갔다면 이상 설명한 내용이 어떻게 되겠는가? 개역성경을 가지고 무슨 해석을 어떻게 할 수 있겠는가? 설령 그들이 설명을 한다 해도 그 해석은 틀린 것임이 자명하지 않겠는가?

침례인 요한은 의의 길을 제시했다. 마태복음 5장, 6장, 7장에서 말씀하신 의는 천년왕국의 법령이다. 유대인들이 지키려 했던 율법의 의보다 더 고차원적인 의인 것이다. 주님께서 제시하신 천국은 실제로 사람들이 들어가서 생활하는 지상의 왕국인데 초림 때 제시했던 천국은 상속자들인 유대인들이 왕을 거부함으로써 취소되어 교회시대 이후인 천년왕국으로 연기되었던 것이다. 초림 때나 재림 때나 천년왕국에 들어가기 위해서는 먼저 영적으로나 도덕적으로 완벽한 하나님의 나라에 들어가야 된다. 그러나 이런 것을 지켜서 의롭게 될 수 없었기에 죄를 위해 죽으신 예수님의 의를 소유함으로써 가능케 만들어 놓으셨다. 예수님은 이 점에 대해 말씀하시기를 『**너희의 의가 서기관들과 바리새인들의 의보다 뛰어나지 못하면 결코 천국에 들어가지 못하리라**』(마 5:20)고 말씀하셨다. 세리들과 창녀들은 자기들의 의가 없다는 것을 깨닫고 회개하여 하나님의 의를 받아들임으로써 들어왔던 것이다. 그러나 종교 지도자들은 달랐다. 그들은 열매 없는 무화과나무가 잎만 무성한 것처럼 자기들의 의를 간직하여 스스로 죄인이 아니라고 판단하고, 자기들의 의만을 내세워 하나님의 의를 필요로 하지 않았다. 예수님께서 이렇게 말씀하셨다. 『**세리들과 창녀들이 너희보다 먼저** 하나님**의 나라에 들어갈 것이니라**』(마 21:31).

학자들이 하나님의 나라와 천국의 다른 점을 구별하지 못하는 것은 마태복음 6:33에서 『**너희는 먼저** 하나님**의 나라와 그분의 의를 구하라**』를 해석하지 못하는 데 그 이유가 있다(개역성경에서 "하나님의"를 삭제). 영적인 나라인 하나님의 나라에 들어가기 위해서는 예수님의 십자가의 죽음을 믿어 거듭나야 하는데 십자가 없는 의로는 앞에서 말한 영적으로 도덕적으로 완벽한 상태에 들어갈 육체가 없었기에 주님의 십자가는 필연적이었다. 예수님께서 유대인들에게 천국 대신 하나님의 나라를 제시하신 때는 언제나 그들에게 제시하셨던 천국이 거부당했을 때였다. 천국은 팔레스타인 땅에 세워질 지상 왕국이지만 하나님의 나라는 영적인 나라였기 때문이다. 천국이 유대인들에게 민족적으로 제시된 것인 반면 하나님의 나라는 개인적으로 제시된 것이다. 천국과 하나님의 나라는 별개의 개념이다. 예수님께서는 초기 사역 때부터 하나님의 나라를 천국과는 별도로 전파하셨음을 알아야 한다. 하나님의 나라는 먹고 마시는 것이 아니라 다만 성령 안에서 의와 화평과 기쁨이다(롬 14:17). 그렇기 때문에 하나님의 나라는 볼 수 있게 오는 것이 아닌데, 이는 하나님의 나라가 너희 안에 있다고 말씀하셨기 때문이다(눅 17:20,21).

알렉산드리아 계열 성서들 중에서 NIV, RSV, NRSV는 〈킹제임스성경〉을 따랐고 ASV, NASV는 개역성경과 같다. 우리는 ASV를 사탄의 걸작품이라 부른다. 우리나라에서 스스로 신학자라고 하는 사람들은 NASV를 가장 잘된 성경이라고 추천하고 있다. 그 내용이 어떻게 된 줄도 모르고 말이다.

틀린 성경으로 어떻게 바른 교리를 가르치겠는가! 개역성경으로도 복음을 전하는데 부족하지 않다고 말하는 자들의 얼굴을 쳐다보라.

9

우열을 가려내 보라

창세기 1:28

<한글킹제임스성경>

『하나님**께서 그들에게 복을 주시고** 하나님**께서 그들에게 말씀하시기를 "다산하고 번성하며 땅을 다시 채우고 그것을 정복하라. 그리고 바다의 고기와 공중의 새와 땅 위에서 움직이는 모든 생물을 다스리라." 하시니라.**』

<개역한글판성경>

『하나님이 그들에게 복을 주시며 그들에게 이르시되 생육하고 번성하여 땅에 충만하라. 땅을 정복하라. 바다의 고기와 공중의 새와 땅에 움직이는 모든 생물을 다스리라 하시니라』

"Replenish"란 단어는 구약에서만 일곱 번 나온다. 히브리어로는 MALE(마레)란 단어로 그 의미는 모두 "다시 채

워진다"는 뜻이다. 〈한글킹제임스성경〉에서는 모두 "다시 채운다"로 번역된 반면 개역성경에서 이 단어를 해석해 놓은 것을 보면 각양각색이다.

〈개역한글판성경〉
창세기 1:28 / 충만하라
창세기 9:1 / 충만하라
이사야 2:6 / 동방풍속이 가득하여
이사야 23:2 / 시돈 상고로 말미암아 부요하게 된
예레미야 31:25 / 슬픈 심령을 상쾌케 하였음이라
에스겔 26:2 / 충만함을 얻으리라
에스겔 27:25 / 바다 중심에서 풍부하여

한글개역성경으로는 "다시 채운다"는 의미를 알 수 없다.

이 지구는 두 번에 걸쳐 다시 채워졌다. 창세기 1:1에서 하나님께서 하늘과 땅을 창조하신 후 이 우주에 무슨 변혁이 일어났던 것을 우리는 창세기 1:2로 알 수 있다. 『**땅은 형체가 없고 공허하며 어두움이 깊음의 표면에 있으며** 하나님**의** 영**은 물들의 표면에서 거니시더라**.』 창세기 1:1과 1:2 사이가 얼마만큼 기간이 되는지 우리는 알지 못한다. 과학자들은 지구가 창조된 것을 입버릇처럼 몇 억만년이니 몇 천만년이니 아주 쉽게 이야기해 버린다. 그리스도인은 사실을 증명할 때 성경적 근거를 제시하지만 과학자들은 그들의 주장에 어떤 증거도 제시하지 못한다. 불분명한 화석 한 개를 찾아 놓고 몇 백만년 전이라고 해 놓고 그 밑을 더 파내려 갔을 때 코카콜라병이 나왔을 때는 어떻게 되었겠는가? 매스컴은 그런 것을 기사화하고 있다. 성경으로 과학을 증명할 수는 있어도 과학으로 성경을 증명할 수는 없다.

하나님께서는 최초의 인간인 아담과 이브를 지으셔서 이 지구에 살게 하셨다. 그러나 그들을 지으시기 전에 인간과 유사한 무엇이 존재했음이 틀림없다. 그것이 곧 창세기 6:1-6에서 말하는 "하나님의 아들들"이다. 이들을 알 수 있는 길은 성경뿐이다. 성경은 성경으로 해석한다. 이들은 사람이 아니라 천상의 존재들(Heavenly beings)로 천사와 같이 이들이 땅으로 내려 올 때 신들(gods)로 여겨졌다(행 14:11).

『**언제 새벽별들이 함께 노래했으며** 하나님**의 아들들이 모두 기뻐서 소리쳤느냐?**』(욥 38:7). 하나님께서는 우주를 창조하신 경이로움을 찬양하고 경배할 존재들이 필요하셨음을 알 수 있다. 욥기는 성경에서 가장 오래된 책이다. 하나님께서 아담과 이브를 창조하시기 전에 루시퍼는 이미 하나님의 권위에 도전하여 말하기를 『**이는 네가 네 마음 속에 말하기를 "내가 하늘에 올라가서 내 보좌를** 하나님**의 별들보다 높일 것이요, 내가 또한 북편에 있는 회중의 산 위에 앉으리라. 내가 구름들의 높은 곳들 위로 올라가서 지극히** 높으신 분**같이 되리라." 하였음이라**』(사 14:13,14)고 하였다.

신약교회의 성도들 역시 하나님을 경배 드리는 것이 그들의 첫 번째 임무이며 특권이다. 그래서 경배는 반드시 영과 진리로 드려야 한다. 개역성경에서는 '신령과 진정'으로 예배를 드린다는데 그 목사들에게 한 번 물어 보라. 어떻게 드리는 예배가 신령과 진정으로 드리는 것인가? 이 나라 목사들 중에 그것을 답변할 사람이 한 사람이나 있는가 보라. 그들은 카톨릭과 마찬가지로 모두 가짜 예배를 드리고 있는 것이다. 그런 예배는 절대로 하나님께 열납되지 않는다.

베드로후서 3:5-6을 노아의 홍수로 보는 사람들이 많으나 이것은 노아의 홍수가 아니라 바로 창세기 1:1 이후의 상태를 묘사해 놓고 있다. 『**이는 그들이 이것을 고의로 잊으려 함이라. 즉** 하나님**의 말씀에 의해 하늘들이 옛적부터 있었다는 것과, 땅도 물에서 나왔고 물 안에 있었다는 것이니 이로써 이전에 있던 세상은 물이 범람해서 멸망하였느니라**』(벧후 3:5-6).

이 땅을 다시 채운다는 말은 있었다가 없어진 것들을 글자 그대로 다시 채운다는 것이며 그 목적은 지배와 치리를 하기 위해서이다. 다시 채운다는 말은 치리자, 즉 왕과 관계 있는 말이다. 아담은 지구를 지배하는 치리자였다.

배교한 근본주의자들은 성경의 역사를 6000년으로 보고 창세기 1:1에서부터 6000년 안에 모든 것을 집어 넣고 해석하려 한다. 그러나 그것은 무지한 소치에서 나온 것일 뿐이다. 그들의 방식대로 한다면 성경해석을 포기해야만 되며, 따라서 그들은 많은 부분을 알지 못한 채 얼버무리고 있는 것이다. 그것은 또한 진화론자들에게 우스갯거리를 제공할 뿐이다. 성경은 아담으로부터 지금까지 6000년이다.

이어지는 창세기 9:1 말씀을 보라.

<한글킹제임스성경>

『하나님**께서 노아와 그의 아들들에게 복을 주시며 그들에게 말씀하시기를 "다산하고 번성하여 땅을 다시 채우라.**』

<개역한글판성경>

『하나님이 노아와 그 아들들에게 복을 주시며 그들에게 이르시되 생육하고 번성하여 땅에 충만하라.』

왜 하나님께서는 아담에게 주셨던 동일한 명령을 노아에게 주시면서 생육하고 번성하며 땅에 충만하라고 하셨는가를 생각해 보아야 한다. 하나님께서는 아담의 후손들이 이 땅에 살면서 하나님의 명령과 규례에 어긋난 갖가지 악을 행함을 보시고 끝내 이 세상을 멸망시키실 것을 결심하시고 홍수를 내리셔서 노아의 가족 8명을 제외하고 모든 생명체를 다 죽이신다(창 6:5-7). 노아의 식구 외에 생명체가 없는 이 땅에 노아의 여덟 식구와 방주에 보존된 생물들을 가지고 다시 번성하게 하고 다시 땅을 채워야 하는 것은 당연한 일이 아닐 수 없다.

노아는 아담의 예표임을 알 수 있다. 아담이 지구를 독점했듯이 노아도 지구를 독점했었다. 아담과 노아 두 사람은 하나님으로부터 직접 명령을 받은 사람들이다. 두 사람 모두 세 아들을 두었고 그 중 셈과 아벨은 그리스도와 연관이 있고 카인과 카나안은 둘 다 저주를 받았다. 아담에게 금지된 것은 포도나무(선과 악의 지식의 나무)였고 노아에게 금지된 것은 피였다. 포도와 피는 상관관계를 갖는다. 하나님께서는 아담을 왕으로 세우셨으나 그는 사탄에게 패배하고 말았고, 왕권은 노아에게로 넘어갔다. 하나님께서는 왕권을 쥔 사람들에게만 다산하고 번성하여 땅을 다시 채우라고 말씀하심을 알 수 있다(〈하나님의 나라와 천국〉, 피터 럭크만 저, 말씀보존학회, 1998 참조).

만일 어떤 성서가 "다시 채운다"는 의미인 "replenish" 외에 "fill"이라는 단어, 즉 "채운다, 충만하다."라는 단어를 썼다면 원래의 의미를 전달하지 못하게 된다 "채운다, 충만하다"라는 말로는 앞에서 설명한 내용을 알 수 없게 되기 때문이다. 이건 실수가 아니라 열악하기 그지 없는 번역임을 알 수 있다. 이런 어리석음을 범한 것은 비단 한글개역성경 뿐만이 아니다. ASV, NASV, RSV, NRSV, NIV, NEB, TEV, Living Bible, 현대인의 성경, 표준새번역, 공동번역 등 모든 알렉산드리아 계열 성경들이 해석하지 못한 것이다.

필자가 늘 하는 말이지만 그런 성서들을 가지고 신학과 교리를 어떻게 정립시킬 수 있겠냐는 것이다. 그런 성서들로 정립된 신학과 교리를 가지고 〈킹제임스성경〉에 근거해서 정립시켜 놓은 신학과 교리를 무슨 수로 당해 낼 수 있겠는가? 어디 그뿐인가. 이런 부분이 적어도 30,000군데가 넘는다는 사실은 무엇을 말해 주는가? 그런 성경으로 신학을 공부했다고 학위를 주고받는가? 그들이 무엇을 안다고 학생을 가르치며 성도들을 가르치겠는가? 소경이 소경을 인도하는 것일 것은 너무 뻔한 일이다. 그런데도 성경이 무엇인지를 모르는 사람들은 오늘도 강단에서 개역성경으로 성경을 가르치며 설교하고 있는 것이다.

『하나님**은 참되시나 사람은 모두 거짓말쟁이라**』(롬 3:4).

10

담벼락에 오줌 누는 자

사무엘상 25:22, 이사야 30:22

나는 종종 성경 번역에도 영감이 작용하느냐는 질문을 받는다. 최초에 성경을 기록할 때와 같은 영감(딤후 3:16, 욥 32:8)은 더 이상 필요없지만(성경 기록이 이미 완성되었기 때문에), 그러나 번역에도 성령님은 강하게 역사하신다고 믿는다.

성경 번역은 직역이 생명이다. 번역자에게는 원문을 자기 나라의 언어로 옮겨 놓는 철저한 책임감 외에 어떤 권한도 주어지지 않는다고 믿기 때문이다. 직역이 되었으면 그 다음에는 문학성을 잃지 말아야 한다. 성경은 글이고 글에는 독자가 있어야 하고 또 많이 있어야 하는데, 글의 문학성이 가독율을 결정짓기 때문이다. 따라서 문학성에는 초등학생도 읽어서 이해할 수 있는 어휘로 기록되어야 함도 포함된다.

성경 번역이란 접속사, 전치사, 조사까지도 번역하여야 하기에 본문에 있는 것을 가감할 수 없는 것이 가장 큰 난제이다. 또 한 언어에서 다른 언어로 옮겨올 때, 민족성과 전통과 관습, 문화 등에 스며 있는 언어의 특성이 갖는 언어적 유격(gap)이 있는데, 이것을 어떻게 기술적으로 처리할 수 있느냐가 또 하나의 문제가 된다.

"담벼락에 오줌누는 자"라는 표현이 한글개역성경에는 없다. 한글개역성경이 원본이 아니기 때문에 거슬러 올라가 보면, RV, RSV, NRSV, ASV, NASV, 림즈 듀웨이(Rheims Douay), 칠십인역(LXX)에도 없다. "담벼락에 오줌누는 자" (any that pisseth against the wall)는 사무엘상 25:22,23,34, 열왕기상 14:10; 16:11; 21:21, 열왕기하 9:8 등에 나오는데 〈킹제임스성경〉을 제외한 모든 성서들에서는 남자, 한 남자, 사내 등으로 번역되어 있다.

- **사무엘상 25:22**

<한글킹제임스성경>

『만일 내가 그에게 속한 모든 자 중에서 <u>담벼락에 오줌누는 어떤 자라도</u> 아침까지 남겨 둔다면...』

<한글개역성경>

『내가 그에게 속한 모든 것 중 <u>한 남자라도</u> 아침까지 남겨두면...』

우리는 객관적인 견지에서 이 두 번역을 보기로 한다.

먼저 직역을 보면 "담벼락"(wall)은 히브리어로 "*키라우*"(Kee Rau)이고 "오줌을 누다"(piss)는 히브리어로 "*샤우탄*"(Shawthan)인데 한글 개역성경은 이것을 한 남자로 번역했다.

원본을 이야기할 때 이들은 구약 맛소라 원본을 이야기한다. 맛소라 원문은 *"키라우"*와 *"샤우탄"*이 있다. 그렇다면 누군가가 원문을 변조한 것이 틀림없다. 성경은 경건한 글인데 "담벼락에 오줌누는 자" 같은 경건치 못한 표현을 써서는 안된다는 취지에서 나왔을 것이다. 이와 유사한 경우를 이사야서 30:22에서도 볼 수 있다.

- **이사야 30:22**

<한글킹제임스성경>

『너희는 새긴 은의 형상들의 덮개와 주조한 금의 형상들의 장식을 더럽히리니 네가 그것들을 월경대같이 던지며 말하기를 "여기서 꺼지라." 하리라.』

<한글개역성경>

『또 너희가 조각한 우상에 입힌 은과 부어 만든 우상에 올린 금을 더럽게 하여 불결한 물건을 던짐같이 던지며 이르기를 나가라 하리라』

RSV, NRSV와 ASV, NASV는 각각 "불결한 것"(unclean thing)과 "더러운 것"(impure thing)으로 쓰고 있다. 거룩한 경전에다 '월경대'처럼 불결한 어휘를 어떻게 쓰겠냐고 번역자가 바꿨을 것이다. 말하자면 번역자가 하나님의 말씀에 월권을 행사한 셈이다.

문학성은 직역의 범주 내에서 이루어져야 한다. 직역의 범주를 벗어난 문학성은 곧 오역으로 판정을 받을 수밖에 없게 된다. 성경의 어휘 약 840,000 단어는 유기체로 얽혀져 있음을 알아야 한다. 어떤 어휘 하나가 생소하게 튀어나오게 되면 이 퍼즐은 맞지 않게 되어 있다.

성경번역은 문학성이 중요한 것이 아니라 직역이 더 중요하다. 문학성을 위하여 직역을 무시하게 되면 그것은 성경으로 평가받지 못하게 되며, 유기체로 얽혀 있는 어휘들이 일체성을 잃게 되면 그것은 성경이 아니라 그저 전화번호부에 불과할 것이다. 사람 이름들은 있는데 번호는 없는 전화번호부 말이다. 번역자가 이 점을 처리하지 못하게 되면 머리가 돌아버리게 될 것이고, 박만수 전도사처럼 '내가 망하려고 이 일을 한다.'는 탄식이 절로 나오게 될 것이다.

성경에 나오는 어휘들은 성도들이 알맞게 구사할 수 있다. 요즘 보면 교회 이름들이 참 다양하다. 형용사로 된 이름들도 많이 눈에 뜨인다. 부활의 교회, 하얀 교회, 사랑의 교회, 복된 소망의 교회 등. 지역의 이름을 딴 것이나 성경에서 따온 어휘들은 무난하다고 본다. 어느 날 우리 학회 사무실에 온 어떤 출판사 사장의 명함에는 출판사 이름이 "영원한 복음 출판사"라고 되어 있었다. 내가 그에게 영원한 복음은 환란 때 천사들이 이방인들에게 전하는 복음(계 14:6)이라고 했더니, 그가 즉시 그 이름을 고치는 것을 보았다. 성경에 있는 어휘들이라도 교리적으로 정확하게 사용해야 할 것이다.

"담벼락에 오줌누는 자"는 "한 남자"나 "사내"보다는 더 정확한 성경적 표현이다. 첫째는 원문을 그대로 전수한 것이요, 둘째는 문학성을 잃지 않은 직역인 것을 알게 되었다.

대한성서공회가 펴낸 성서는 일반 성도들이 관심을 표명해도 수정이 불가능했지만, 우리는 성경적 근거로 제안해 오는 충실한 조언을 받으면 심사숙고할 것이다.

11

리비야단의 실체

욥기 7:12; 41:1, 시편 74:14; 104:26

『또 하늘에 전쟁이 있으니 미카엘과 그의 천사들이 용을 대항하여 싸우고 용과 그의 천사들도 싸우나 그들이 이기지 못하여 하늘에서 더 이상 있을 곳을 찾지 못하더라. 그리하여 그 큰 용이 쫓겨나니 그는 마귀**라고도 하고 사탄이라고도 하는 옛 뱀, 곧 온 세상을 미혹하던 자라. 그가 땅으로 쫓겨나고 그의 천사들도 그와 함께 쫓겨나더라』**(계 12:7-9).

마귀가 가장 싫어하는 것 중 한 가지는 자기의 정체가 드러나는 것이다. 그래서 그는 어둠을 좋아하며, 흑암의 권세를 가진 자라 불린다. 사람들은 마귀의 정체를 모르기 때문에 그가 하는 일도 알지 못한다. 게다가 마귀의 이름은 사탄, 마귀, 용, 뱀, 리비야단 등으로 다양한데, 여러 가지 이름을 가지고 있는 것도 그 정체를 불분명하게 하기 위한 계략이다. 이뿐 아니라 성경에서 묘사한 그의 칭호 역시 다양하여 "빛의 천사"(고후 11:14), "공중 권세의 통치자" (엡 2:2), "이 세상의 신"(고후 4:4), "이 세상의 통치자"(요 14:30), "흑암의 권세"(골 1:13), "울부짖는 사자"(벧전 5:8) 등으로 언급된다.

마귀의 정체를 분명하게 드러내는 곳은 성경뿐이다. 그렇기에 사탄은 성경을 증오하고 성경을 공격하는 것을 그치지 않는데, 이 공격에는 성경을 변개시키고, 성경적 진리가 확산되는 것을 방해하며, 성경적 근거 위에서 하는 사역을 방해하고 파괴시켜 하나님의 일꾼들을 공격하는 것 등이 포함된다.

하지만 마귀는 이런 방해공작과 공격을 할 때 자신을 드러내지 않고 교묘한 방법을 쓰는데, 그것이 바로 모조품을 만들어 내는 것이다. 이 가짜 모조품은 진짜와 너무 흡사해서 깊이 있는 영적 안목을 갖지 않은 사람은 분별할 수도 없다. 그래서 속고 속으며 속아서 그의 종노릇을 열심히 하면서도 하나님을 섬기는 줄로 생각하는 많은 예들을 볼 수 있다.

마귀의 모조품에는 먼저 성경이 있다. 삭제되고 변개된 성경은 마귀가 만들어낸 그의 작품이다. 바른 성경과 틀린 성경이 있을 때 왜 굳이 틀린 성경을 택하는가? 마귀의 자녀들은 틀린 성경도 복음을 전하는 데 부족하지 않다고 거짓말을 함으로써 하나님께서 우리에게 성경을 주신 본질을 왜곡시킨다.

그 다음 마귀의 모조품은 교회이다. 이 교회도 하나님의 피로 사신 하나님의 교회와 너무 닮아서 보통 사람은 구별할 수 없다. 이 교회는 성경적 교리를 실천하지 않고 사도신경 같은 인간의 전통이나 "행위로 인한 구원", "세례나 침례로 받는 구원" 등의 비성경적인 교리와 세례, 방언, 귀신 쫓아냄, 신유 등의 비성경적인 행위를 마치 성경적인 것인 양 가르치고 실행하고 있지만 예수 그리스도의 재림은 전혀 기다리지도 않는다.

이렇듯 마귀에게는 마귀의 성경이 있고, 마귀의 교회들이 있으며, 마귀의 교리들과 이것을 실천하는 마귀의 사역자들이 있으며, 또 마귀의 자녀들이 있다. 이 마귀의 자녀들도 성경을 말하고, 선교를 말하며, 구령을 말하고 경배와 찬양을 말하며 문서사역을 말하기 때문에 쉬 구별할 수가 없다. 이로 인하여 수많은 사람들이 교회는 다니지만 정작 하나님의 자녀로서의 삶을 살지 못하고 마귀의 자녀로서 믿는 사람의 흉내만 내고 산다. 이 지상에는 주 예수 그리스도의 가르침은 따르지 않고 그들 마음대로 교회놀이만 하는 교회들이 무수히 많다는 것을 알아야 한다.

지금 여기서 소개하려고 하는 리비야단의 실체를 아는 사람은 별로 많지 않다. 이사야 선지자는 그에 대해서 이렇게 쓰고 있다. 『**그 날에 주께서 그의 격심하고 크고 강한 칼로 날쌘 뱀 리비야단을 벌하시리니 즉 꼬부라진 뱀 리비야단이라. 또 주께서는 바다에 있는 그 용을 살해하시리라**』(사 27:1). 이 리비야단을 가장 잘 설명해 준 곳이 욥기 41장이다(꼭 읽어보라). 그의 무시무시한 모습을 실감할 수 있겠는가? 말씀으로 그를 조금만 더 소개하면 다음과 같다. 『**그의 입에서는 타는 등불들이 나오며 불똥이 튀는도다. 그의 콧구멍에서는 연기가 나오니 마치 끓는 솥이나 가마솥에서 나는 것 같도다. 그의 숨결로 숯불을 피우며, 화염이 그의 입에서 나오는도다**』(욥 41:19-21). 『**그는 깊음을 솥같이 끓이며, 그는 바다를 향기름 솥같이 만드는도다. 그는 자기 뒤**

에 빛을 내는 길을 만드나니 보는 사람이 깊음을 회백색이라고 생각하는도다. 땅 위에는 그같이 생긴 것이 없나니 그는 두려움 없이 지음을 받았도다. 그가 모든 높은 것들을 바라보니 그는 모든 교만의 자식들을 다스리는 왕이니라』(욥 41:31-34). 아삽은 시편 74편에서 이렇게 썼다. 『**주께서는 주의 능력으로 바다를 가르셨으며 물들 가운데 있는 용들의 머리들을 부수셨나이다. 주께서는 리비야단의 머리들을 산산조각내셔서 광야에 거하는 백성들에게 식물로 주셨나이다**』(시 74:13,14). 이것이 악어겠는가?

우리는 개역성경에서 또 하나의 특이한 점을 발견하는데 그것은 용이라고 기록해야 할 곳을 악어로, 고래라고 해야 할 곳을 용으로 번역하여 혼동을 주고 있다는 점이다.

<한글킹제임스성경>

『**내가 바다나 아니면 <u>고래</u>라서 주께서 나를 감시하시나이까?**』(욥 7:12).

『**네가 갈고리고 <u>리비야단</u>을 끌어 낼 수 있겠느냐? 또한 끈으로 그의 혀를 멜 수 있겠느냐?**』(욥 41:1)

『**주께서는 <u>리비야단</u>의 머리들을 산산조각내셔서...**』(시 74:14)

『**거기에 배들이 다니며 <u>리비야단</u>이 있으니...**』(시 104:26)

<개역한글판성경>

『내가 바다니이까 <u>용</u>이니이까 주께서 어찌하여 나를 지키시나이까』(욥 7:12)

『네가 능히 낚시로 악어를 낚을 수 있겠느냐?』(욥 41:1, 악어쯤이야 낚시로 못 낚을 이유도 없지 않은가!)

『악어의 머리를 파쇄하시고...』(시 74:14)

『선척이 거기 다니며, 주의 지으신 악어가...』(시 104:26)

이상 몇 구절을 비교해 볼 때, 개역한글판성경은 고래는 용으로, 리비야단은 악어로 바꾸어 용의 실체를 혼미하게 하고 있음을 쉽게 알 수 있다.

개역한글판성경을 가지고 어떻게 성경의 영감성을 말하고 원본이나 사본을 운운할 수 있겠는가? (ASV, NASV, NIV, RSV, NRSV, NEB 등도 마찬가지이다.) 마귀를 모르면서 어떻게 마귀를 대적하겠는가? 바른 성경을 배격하는 마귀의 하수인들이 마귀를 대적한다고 하니 마귀가 어찌 웃고 기승을 부리지 않겠는가? 이 세상에서 마귀를 이길 수 있는 분은 예수 그리스도 한 분뿐인데, 성경은 예수 그리스도를 "하나님의 말씀"이라 부른다. 그러므로 우리가 바른 말씀으로 무장하지 않는다면 결코 마귀를 대적할 수 없으며, 마귀를 대적할 수 없게 되면 계속 마귀의 종으로 남게 되는 것이다. 진리가 없이 말이나 행동으로 "하나님의 영광"이니 "예수 그리스도의 사역"이니 하는 것들을 아무리 떠들어 봤자 마귀는 끄떡도 하지 않는다는 사실을 알아야 한다.

12

책을 기록한 연대

재판관기 5:14

<한글킹제임스성경>

『아말렉을 대적한 자들의 뿌리가 에프라임에서 나왔고 네 뒤를 이어 백성 가운데 베냐민이 나왔고 마킬에서 치리자들이 내려왔고 스불룬에서는 글쓰는 자의 펜을 다루는 자들이 나왔도다.』

<개역한글판성경>

『에브라임에게서 나온 자는 아말렉에 뿌리 박힌 자요 그 다음에 베냐민은 너희 백성 중에 섞였으며 마길에게서는 다스리는 자들이 내려왔고 스불론에게서는 대장군의 지팡이를 잡은 자가 내려 왔도다』

독일의 고등비평가들은 인간이 펜을 사용하기 시작한 연대를 B.C.1200년 이후라고 주장한다. RV, ASV, RSV를 번역한 무지한 번역자들 역시 인간이 책을 쓴 시기를 B.C. 1200-1300년으로 본다. 그러나 고고학적 증거는 그 연대를 B.C. 1500년 이전으로 본다.

이스라엘 백성이 홍해를 건너 광야에서 이동하고 있었을 때 그들은 아말렉의 공격을 받았다. 그러나 이 전쟁 역시 주님이 주도하셨다. 이스라엘 백성이 싸웠던 역사적인 전쟁들은 적의 병력과 병기에 관계없이 주님이 싸우셨을 때 늘 승리를 가져왔다. 그러나 이스라엘 백성이 주님의 목전에서 하나님을 배반하여 불순종할 때면 그들은 늘 패배했다.

이 전쟁에서 여호수아가 아말렉을 물리쳤을 때 주님께서 모세에게 말씀하시기를 『**이것을 책에 기록하여 기념하게 하고 여호수아의 귀에 되풀이해서 들려 주라. 이는 내가 하늘 아래에서 아말렉의 기억을 완전히 없앨 것임이라**』고 하셨다(출 17:14). 이 부분이 성경에서 처음으로 글을 쓰는 것을 직접적으로 표현한 곳이다.

그런데 RV, ASV, RSV 등 변개된 알렉산드리아의 성경 번역자들은 책을 기록한 연대를 B.C.1200년 이후로 보았기에 그들의 성경에 맞추기 위하여 재판관기 5:14을 변개시킨 것이다.

『**스불론에서는 글쓰는 자의 펜을 다루는 자들이 나왔도다**』(... and out of Zebulun they that handle the pen of the writer)를 "스불론에서는 대장군의 지팡이를 잡은 자가 내려 왔도다"라고 변개시킨 것이다. 대장군의 지팡이를 잡은 자는 무엇을 말하며 왜 그는 스불론에서 내려왔는가?

이처럼 RV, ASV, RSV 등의 번역자들이 이 부분을 변개시킬 수 있었던 것은 엘리콧(Ellicott), 라잇풋(Lightfoot), 홀트, 웨스트코트 등의 조언을 받아들였기 때문이다. 소경이 소경을 인도하면 둘 다 맨홀에 빠지게 되어 있다. 성경을 모르는 자들이 성경을 번역하려 하면 성경의 저자께서는 어떤 조명도 주시지 않는다. 이들의 목적은 성경을 보존하려는 데 있는 것이 아니라 돈을 벌려는 데 있었기 때문이다. 이들은 바른 성경이 있었는데도 불구하고 또 다른 성경을 만들어 냈다. 그와 같은 변개된 성서들의 출간은 성경 독자들에게 혼란만 가져왔을 뿐 아무런 기여도 하지 못했다. 1881년에 나온 RV는 〈킹제임스성경〉을 개정했다는 소문을 퍼뜨렸다. 동시에 RV가 〈킹제임스성경〉보다 우세하다고 소개했다. 그러나 그런 말은 모두 거짓말임이 드러난 것이다.

첫째, RV는 〈킹제임스성경〉의 어떤 부분도 개정한 것이 아니라 개악시켰다. 적어도 30,000군데 이상을 변개시켰던 것이다. 바른 성경에는 개정할 것이 없다. 바른 성경을 볼 수 있는 영적인 눈이 없는 자들이 무식하게 칼질을 했을 뿐이다. 만일 그들에게 성경을 번역할 새로운 필요성이나 각오가 참으로 있었다면 히브리어 맛소라와 헬라어 표준원문에서 번역했어야 했을 것이다. 그러나 그런 능력이 없었기에 그들은 〈킹제임스성경〉을 책상 위에 펴 놓고 RV를 〈킹제임스성경〉과 차이나도록 만들었던 것이다. 성경을 없애자는 것이 사탄의 계략이고 보면 이들의 행위는 사탄의 사주에 따른 것일 뿐이다.

둘째, RV가 〈킹제임스성경〉보다 우세하다면 RV가 지속적으로 사용되었어야 하지 않았겠는가? 지금 RV를 쓰는 교회나 개인이 있는가 보라! 아무도 쓰지 않는다. 아무도 아쉬워하지 않는다. 아무도 그 필요를 인정하지 않는다.

그렇다면 그들이 열악하다고 한 〈킹제임스성경〉은 어떤가? 1611년 이래 지속적으로 성경대로 믿는 그리스도인들의 손에서, 그들의 교회에서 사랑받고 그 권위를 인정받고 있다. 누가 거짓말하는지 아직도 의심이 가는가? 누가 성경을 변개시키겠는가? 성경의 저자이신 성령님께서 왜 성경을 변개시키시겠는가? 사탄이 변개시킨 것이 아닌가! 〈킹제임스성경〉은 지금까지 9억만 권 이상이 팔렸다.

〈개역한글판성경〉은 RV처럼 진작 이 세상에서 자취를 감췄어야 했다. 그런데도 이 나라에 책임감 있는 성경 번역자가 나오지 않았기에 사람들은 울며 겨자 먹기로 변개된 개역한글판성경을 쓸 수밖에 없었다. 이것은 그 성경이 좋아서가 아니라 그것뿐이었으므로 선택할 여지가 없기에 그 성경을 쓴 것이다. 개역한글판성경이 변개된 성경이라고 지적하면 우직하게도 시인하지 않으려는 사람들이 있다. 개역한글판성경은 그들의 족보대로 하자면 외경이 들어 있어야 한다. 그 성경이 기초로 하고 있는 시내사본과 바티칸사본에 외경이 들어 있기 때문이다. 외경을 하나님의 말씀이라고 인정하겠는가? 그런데 그들은 외경만 빼고서 그것이 바른 성경인 양 속이고 있는 것이다. 이뿐 아니라 개역한글판성경은 너무 많이 고쳤기 때문에 어떤 원문도 제대로 전수하지 못한 엉터리 성경이다. 솔직히 말해서 이 성경에 어떤 점수도 줄 수 없다.

출애굽기 17:14에서 『**이것을 책에 기록하여 기념하게 하고...**』라고 했다. 이 책은 열왕기상 2:1-4과 역대기하 23:11과 말라키 4:4에서 명한 모세의 율법을 담고 있는 책이다. 이 책은 민수기 21:14에서 말한 "주의 전쟁들의 책"을 말하며 이 책의 일부분이 여호수아 10:13에서 말한 야셀의 책이라 불렀다. 야셀의 책이란 정직한 자의 책(the book of the upright)을 말한다. 이 책을 여호수아가 어떻게 했는가 보라. 『**여호수아가 이 모든 말씀을** 하나님**의 율법책에 기록하고, 큰 돌을 취하여 거기 주의 성소 옆에 있는 상수리나무 아래에다 세우더라**』(수 24:26)고 기록되어 있다.

쓰레기 더미를 파면 팔수록 쓰레기만 나올 뿐이다. 쓰레기 더미에서 금, 꿀, 불, 물, 젖, 칼, 고기가 나오겠는가? 개역한글판성경으로 공부해서 무엇을 남겨 놓았는지 살펴보라. 우리 민족에게 영적인 깨우침을 줄 수 있는 위대한 책이 한 권이라도 있었는가.

『**주의 증거들이 경이로우므로, 내 혼이 그것들을 지키나이다**』(시 119:129).

13

갈라진 혀들

사도행전 2:3

<한글킹제임스성경>

『거기에 불 같은 모양으로 갈라진 혀들이 나타나 그들 각 사람 위에 머물더니』

<King James Version>

『there appeared unto them cloven tongues like as of fire』

<개역한글판성경>

『불의 혀같이 갈라지는 것이 저희에게 보여 각 사람 위에 임하여 있더니』

<New International Version>

『what seemed to be tongues of fire that separated』

1. 헬라어 *"디아메리조"*(διαμεριξω)는 기본적으로 하나에서 몇 개로 나눠는 것을 말한다.

문제의 핵심은 "갈라진 혀들"과 "불의 혀같이" 중에서 어느 쪽이 맞는지에 있다. "갈라진 혀들"이 맞으며, 그 모양이 "불 같은 모양으로 갈라진" 것을 말한다. "불의 혀같이 갈라지는 것"이라는 〈개역한글판성경〉의 표현은 언뜻 보기에는 "불 같은 모양으로 갈라진 혀들"과 다를 바가 없어 보이지만 주시해 보면 엉뚱한 표현임을 알 수 있다. "불의 혀같이" 갈라진다는 표현은 혀가 갈라지는 것이 아니라 불이 갈라진 것을 말하기 때문이다.

2. 그렇다면 사도행전 2:3은 "갈라진 혀들"을 말하는 것인가 "불이 갈라지는 것"을 말하는가? 성경은 성경으로 푼다. 그러나 인간의 때문은 발상으로는 이처럼 엉뚱한 해석을 낳게 되며 틀린 성경으로는 절대로 바른 해답을 줄 수 없는 것이다.

주님은 혀들을 갈라놓으실 수 있다. 『**오 주여, 멸하시고, 그들의 혀들을 가르소서**』(시 55:9). 주님은 화염, 즉 불꽃을 갈라놓듯이(시 29:7) 혀를 갈라 놓으실 수 있다. 하나님은 나누시는 분이다.

3. 그러나 사탄은 또한 하나님을 모방한다는 사실을 잊지 말아야 한다. 주님의 음성이 진짜 음성이라면(왕상 19:12) 마귀의 음성도 있다는 것을 알 수 있다(사 29:4). 주님께서 큰 음성으로 소리치신다면(눅 1:42) 마귀도 큰 음성으로 소리지를 수 있다(막 5:7). 주님의 혀가 실제 혀라면 뱀의 갈라진 혀도 그것을 흉내낼 수 있는 것이다. 사탄은

모조품의 명수요, 모방의 귀재이며, 심지어 빛의 천사로 가장할 수 있는 존재이기 때문이다(고후 11:14).

4. 먼저 갈라진 혀라 하면 우리는 뱀의 혀를 연상하게 된다. 『**그가 독사의 독을 빨며 뱀의 혀가 그를 죽일 것이라**』(욥 20:16). 둘째로, 일구이언하는 혀를 들 수 있다(딤전 3:8). 같은입에서도 놀리는 혀에 따라 축복과 저주가 나올 수 있기 때문이다. 혀가 길들여지지 않고 움직이게 되면 거기서 나오는 것은 악이요, 죽이는 독이 가득하다(약 3:8).

〈한글킹제임스성경〉은 "불같은 모양"이지 "불"이 아니다. 그렇다면 "불같은 모양으로 갈라진 혀들"이 왜 "불의 혀같이 갈라지는 것"으로 교묘히 변개되었는가? 여기에는 몇 가지 이유가 있다.

첫째, 예수회 성경(1582년)이 불의 혀같이 갈라진 것으로 번역했고 그후에 번역된 RV, ASV, RSV, NIV, NASV, NRSV, NEB, 〈필립스역본〉, 〈모펫역본〉 등이 모두 예수회 성경을 따랐다. 모든 길은 로마로 통했던 것이다. 그러나 〈킹제임스성경〉 번역자들은 예수회 성경을 따르지 않았다.

둘째, 예수회 성경 번역자들의 성경 실력이다. 그들은 신학적으로 혀가 갈라진 것인지 불이 갈라진 것인지 분간하지 못했다. 무엇이 갈라지든 그들에게는 큰 의미가 없었기 때문이다.

이 문제가 왜 심각한 것인가?

사도행전 2장은 오순절 교파들이 그들의 방언과 연관시켜 성경적 근거(?)를 제시하는 중요한 장이다. 그들은 소위 "성령침례"와 "성령

충만"과 더불어 뭔가 뜨거운 것을 느끼고 또 헛소리를 마구 해대기를 원하기 때문이다. 그들은 갈라진 혀가 아니라 독사의 혀처럼 갈라진 불을 원하고 있는 것이다. 이것은 불 받으라고 외치는 부흥사들과 불 달라고 외치는 구원받지 못한 은사주의 교인들에게서 쉽게 볼 수 있는 광경이다. 이들은 마태복음 3:11에서 말한 불로 받는 침례를 "성령 침례"로 오해하는데, 이는 바로 사도행전 2:3을 혀가 아니라 불로 오해한 데 기인한다. 마태복음 3:11의 불은 심판의 불, 즉 지옥불을 의미한다. 구원받지 못한 채 죽거나 구원받지 못한 채 살아 있거나 모두 다 심판에서 불못에 던져지게 된다. 이것을 불침례라 하는데, 그 의미도 모르면서 불 받으라든지 불 달라고 한다면, 불로 저주받으라는 말이요 불의 저주를 달라는 말이다. 이 얼마나 가관인가(마 3:12 참조, 〈일곱침례〉, 말씀보존학회 간 참조)

여기에 한 가지 부연한다면 사도행전 2:5-12에서 했던 방언은 모두 외국어였다. 개역한글판성경이 방언이라는 말로 번역했기 때문에 무지한 자들이 방언으로 알고 있으나 모두 외국어이다. 『**...각 사람이 자기 나라말로 그들이 말하는 것을 들었기 때문이라**』(행 2:6). 『**그런데 어떻게 해서 우리 각 사람이 우리가 태어난 곳의 고유 언어로 말하는 것을 듣게 된단 말인가?**』(행 2:8).

사도행전 4:31에서 주님의 제자들은 모두 성령으로 충만했지만 소위 "방언"을 했던 사람은 단 한 사람도 없었다. 의미 없는 헛소리("방언")는 악령 들린 사람들이 하나님과 교제한다며 거짓 체험을 흉내내는 것일 뿐이다. 성령으로 충만한 사람은 아무리 노력해도 방언 같은 것은 나오지 않는다는 점을 명심해야 한다.

14

계명을 행하는 자들과 두루마기를 빠는 자들

요한계시록 22:14

<한글킹제임스성경>

『그의 계명들을 행하는 자들은 복이 있나니, 이는 그들이 생명 나무에 대한 권리를 가지며 또 그 문들을 통하여 도성 안으로 들어가게 하려 함이니라.』

<King James Version>

『Blessed are they that do his commandments, that they may have right to the tree of life, and may enter in through the gates into the city.』

<개역한글판성경>

『그 두루마기를 빠는 자들은 복이 있으니 이는 저희가 생명나무에 나아가며 문들을 통하여 성에 들어갈 권세를 얻으려 함이로다.』

이들을 비교할 때 몇 가지 현저한 차이를 볼 수 있다.

첫째, "그의 계명들을 지키는 자들은 복이 있나니"를 〈개역한글판성경〉은 "두루마기를 빠는 자들은 복이 있다."고 했다. 왜 두루마기가 등장하며, 그것을 빠는 자들이 복이 있다는 말은 무슨 말인가? 신학적 근거를 제시해 보라. 물론 이들은 성경적 근거를 댈 수 없다. 두루마기를 빨아야 하는 신학적 근거가 없기 때문이다. 그렇다면 왜 이들은 성경을 이렇게 변개시켜 놓았는가? 그것은 그들이 성경도 하나님의 능력도 모르기 때문이다. 그들은 심지어 왜 그런 짓을 했는지도 모르는 것이다. 성경을 공부한 사람들은 아무것도 모르면서 성경을 변개시킨 사람들의 무지하고 어리석고 마귀적인 점까지도 찾아서 설명해 줘야 하는 번거로움이 있다. 그들이 두루마기를 빨아야 한다고 생각한 것은 계시록 17:14 때문이었을 것이다.

둘째, 그 계명을 지킨 사람들이 복이 있다는 말은 그들이 생명 나무에 대해 가질 수 있는 권리 때문이다. 그런데 개역성경대로라면 저희가 생명 나무에 "나아가고" 문들을 통하여 성에 들어갈 권세를 얻기에 복이 있다는 말이 된다. "생명 나무에 나아간다"는 말로는 권리를 갖는다는 의미를 전달할 수 없다.

생명 나무를 먹지 않은 사람은 죽는다. 이들이 누구인가? 이들은 예수 그리스도처럼 영화로운 몸을 입은 사람들이 아니라, 환란시대와 천년왕국 기간에 주의 계명을 지켜 구원받은 사람들이다. 이들은 아직 영생을 보장받지 못한 사람들이다. 이들은 아담이 동산의 과실들을 먹어 영생을 누릴 수 있었던 방식대로(창 2:9,16) 영생을 얻어야 죽지 않는다. 생명 나무에 참여해 영생을 얻고 영원에 들어가는 사람은 아담과 이브가 타락하기 전과 같이 남자와 여자로 산다. 그러나 교회시대에 구원받은 사람들은 예수 그리스도와 같이 영화로운 몸을 입는 독특한 사람들이다(빌 3:20,21, 요일 3:1-2).

이 시대에 은혜의 복음을 거부하고 죄짓고 세상의 풍조에 따라 산 사람들 중에 "환란 때도 끝까지 견디는 사람은 구원을 받는다."고 어깨 너머로 들은 말에 귀가 솔깃할 사람들도 있을 것이다. 교회시대 성도와 환란 성도는 어떻게 다른가? 환란 성도는 죽지 않고 살아서 들림받았어도 천년왕국에 들어가서 다시 죽는다. 엘리야는 환란 성도의 유형인데 엘리야는 휴거되었다가(왕하 2장), 변형산에 모세와 함께 나타났다(마 17장). 그는 다시 모세와 함께 지상에 돌아오게 되는데, 그때 죽었다가(계 11장) 환란 끝에 부활할 것이다.

이 생명 나무가 에스겔 44-48장에 나오는 나무와 유사하기에 혼동하는 사람들이 있으나, 계시록 22장의 나무는 생명 나무라고 되어 있지만, 에스겔에서는 생명 나무라 하지 않고 단지 "나무"라고만 되어 있음을 유의해야 한다. 에스겔 47:1-7은 이스라엘 땅을 지칭하나, 계시록 22장은 새 예루살렘에 있는 강을 말한다. 에스겔의 도성에는 성전이 있지만, 계시록의 도성에는 성전이 없다.

"그의 계명을 지키는 자들은 복이 있나니" 환란시대에서 천년왕국으로 넘어온 사람들과 천년왕국에서 태어난 사람들은 하나님의 계명, 곧 마태복음 5,6,7장의 산상설교를 지켜야 한다. 이 산상설교가 천년왕국의 헌법이기 때문이다. 예수님은 초림 때 천국복음(마 10장)을 전하셨으나, 이스라엘이 메시야를 거부함으로써 예수님께서 다윗의 보좌에 앉으시어 영원무궁한 통치를 시작하시는 것은 연기되었다(눅 1:31-33).

우리는 계시록 20:13-14에서 사망과 지옥이 불못에 던져지는 것을 본다. 따라서 천년왕국 기간 동안 구원을 받아야 할 사람은 계명을 지켜 생명 나무를 먹어야 할 것이다. 그들이 먹은 열매에는 영생이 있어 그들을 구원할 수 있다.

이와같이 두루마기를 빨았다고 해서 그 생명 나무에 참예한다는 것은 아무런 성경적 근거가 없지 않은가! 환란시대에는 믿음뿐만 아니라 행위도 있어야 한다. 즉 끝까지 견디며 짐승의 표를 받지 않아야 구원받는 것이다. 그러나 천년왕국에서는 마태복음 5,6,7장의 계명들을 지키는 자가 구원받아 생명 나무에 참예할 수 있다(〈피터 럭크만의 주석서 요한계시록〉 참조). 따라서 개역성경의 두루마기 운운하는 것은 성경을 알지 못하고 하는 소리이다.

성경에서는 대환란으로부터 나온 사람들에 대하여 계시록 7:14에서 다시 설명하고 있다. 『**내가 그에게 말씀드리기를 "주여, 당신이 아시나이다." 하니, 그가 내게 말하기를 "이들은 대환란에서 나온 사람들이며 자기들의 옷을 씻어** 어린 양**의 피로 희게 하였느니라.**』 그리스도인의 의는 예수 그리스도이시다. 그러나 "흰 옷"은 그가 구원받고 난 후 행위로 얻는 자기 의를 말한다. 따라서 "어린 양의 피로 희게 하였다"는 말은 어린 양의 피로 구원받았다는 말이 아니고, 그들의 행위로 옷을 이미 씻어서 그 옷들을 어린 양의 피로 희게 하였다는 말이다. 이들은 교회시대의 그리스도인들이 아니라 대환란에서 온 사람들이다. 그런데 〈개역한글판성경〉은 이 부분에서도 틀렸다. 이 부분을 "어린 양의 피에 그 옷을 씻어 희게 하였다"고 했기 때문이다. "내가 가로되 내 주여 당신이 알리이다 하니 그가 나더러 이르되 이는 큰 환난에서 나오는 자들인데 어린 양의 피에 그 옷을 씻어 희게 하였느니라"(개역한글판성경, 계 7:14).

이런 성경으로 설교하는 자들은 거짓말로 설교하는 것이다. (참고로 〈한글킹제임스성경〉은 세상에서 받는 고난과 대환란을 각각 "환난"과 "환란"으로 분명히 구분했음을 밝혀 둔다.)

15

삭제와 오역

이사야 10:18

<한글킹제임스성경>

『또 그의 삼림과 그의 기름진 들의 영광을 태우리니 혼과 몸 모두라. 그들은 기수가 실신할 때같이 되리라.』

<King James Version>

『And shall consume the glory of his forest, and of his fruitful field, both soul and body: and they shall be as when a standardbearer fainteth.』

<개역한글판성경>

『그 삼림과 기름진 밭의 영광이 전부 소멸되리니 병인이 점점 쇠약하여 감 같을 것이라』

<Revised Standard Version>

『The glory of his forest and of his fruitful land the Lord will destroy, both soul and body, and it will be as when a sick man wastes away』

여호와 하나님의 화염이 앗시리아 왕의 군대, 즉 삼림의 영광을 불사를 것인데 혼과 몸을 모두 다 사르실 것이다. 혼과 몸을 다 멸하실 수 있는 분은 하나님 한 분뿐이시다(마 10:28).

여기서 혼은 구원받지 못한 혼을 말한다. 사람은 몸, 혼, 영으로 되어 있다. 아담이 하나님의 명령(창 2:17)을 거역했을 때 하나님의 예언은 그대로 성취되었던 것이다. 『**선과 악의 지식의 나무에서 나는 것은 먹지 말라. 네가 거기서 나는 것을 먹는 날에는 반드시 죽으리라.**』 아담은 즉시 그 영이 죽었던 것이다. 이 점을 어떻게 알 수 있는가? 아담과 하나님과의 교제가 단절된 것으로 알 수 있다. 혼은 지, 정, 의를 가진 인격적인 존재를 말한다. 몸과 똑같은 형태이지만 비물질이다. 사람이 죽으면 몸은 썩으며, 불교도들이 하는 것처럼 화장시키면 불에 타 버린다. 그러나 혼은 비물질이기에 타지 않는다. 누가복음 16장에서 설명한 대로 혼은 보고, 듣고, 느낄 수 있다. 그래서 지옥에 간 혼은 영원히 뜨거움과 목마름으로 인해 고통을 받게 된다. 따라서 사람이 죽으면 의식이 없이 진멸된다는 여호와의 증인의 교리는 이단인 것이다. 성경에서 몸과 혼이 동일시되는 것은 혼이 몸에 붙어 있기 때문이다(레 7:18; 20:6, 겔 18:4). 혼이 사람과 동일시되는 것도 같은 이유에서이다. 본문에서도 "혼과 몸을 모두 사르신다."는 말은 사람을 총칭하는 말이다. 사람이 복음을 듣고 예수 그리스도를 개인의 구세주로 믿고 영접하면 혼이 몸에서 분리된다. 이것을 영적 할례(영적 수술)라 한다(골 2:11).

성경에서 사람을 삼림으로 표현하는 곳을 살펴보자. 먼저 예레미야 46:22,23은 이집트의 군대를 도끼로 멸하는 것으로 묘사하였다. 또 에스겔서 20:47에서도 『**남쪽의 삼림에게 말하기를 "주의 말씀을 들으라. 주 하나님이 이같이 말하노라. 보라, 내가 네 안에 불을 붙이리니 그러면 그 불이 네 안에 있는 모든 푸른 나무와 모든 마른 나무를 삼킬 것이요, 타오르는 불꽃은 꺼지지 아니할 것이며, 남쪽으로부터 북쪽에 이르는 모든 얼굴이 그 안에서 태워지리라.**』고 말씀하셨다. 하나님께서는 바빌론 왕 느부캇넷살이 예루살렘을 징벌하러 오는 것을 설명하고 계신다. 하나님께서 진노를 부으시려고 한 나라의 막강한 군대를 일으켜 적을 칠 때의 기세는 마치 산불이 울창한 삼림을 태우듯 하여 그 기세를 꺾을 수 없는 것으로 묘사하고 있는데, 이를 〈개역한글판성경〉은 병인이 쇠약해진다는 전혀 어울리지 않는 표현으로 변개시킨 것이다. 전쟁터의 부상병이라면 또 몰라도, 병인이라는 말은 해당되지 않는 말이다.

1. 〈개역한글판성경〉은 "혼과 몸 모두라"를 삭제시킴으로써 삼림이 사람을 의미하는 사실을 가려 버렸다. "혼과 몸 모두라"(both soul and body)는 NIV를 제외한 RSV, ASV, NRSV, NASV 등에도 있는데 〈개역한글판성경〉에만 빠져 있다. 이로써 〈개역한글판성경〉이 로마 카톨릭 성경인 "예수회 성경"(Jesuit bible, 1582년)을 저본으로 삼았

음을 알 수 있다.

2. 기수를 "병인"으로 변개시킴으로써 본래의 뜻을 변질시켰다(민 1:52; 2:2,3,10,17,18,25,31,34; 10:14,18 – 깃발이지 병자가 아님).

경쟁은 균등에서 시작되는 것인데 〈개역한글판성경〉은 너무 열악하여 어떤 경쟁의 대상도 될 수 없다. 우리의 질문은 명확하다.

첫째, 성경을 삭제시키고 변개시키는 주체가 성령인가, 마귀인가? 적어도 성경을 가르치고, 설교하고, 말하는 사람은 이 질문에 답해야 한다. 하나님이 왜 자신의 말씀을 삭제시키고 변개시키겠는가? 『**하늘과 땅은 없어져도 내 말들은 결코 없어지지 아니하리라**』(마 24:35, 막 13:31, 눅 21:33)고 말씀하신 하나님께서 왜 자신의 말씀을 삭제시키고 변개시키시겠는가? 누가복음 16:17에서 『**율법의 한 획이 없어지는 것보다 하늘과 땅이 없어지는 것이 더 쉬우니라**』고 말씀하신 분이 왜 그런 일을 하시겠는가? 하늘과 땅이 없어지는 일이 쉬운 일인가? 참으로 어려운 일이다. 그런데 그보다 더 어려운 일은 하나님의 말씀이 삭제되고 변개되는 일이라고 말씀하셨다.

둘째, 삭제되고 변개된 성경이 있고, 삭제 안되고 변개 안된 성경이 있다면, 어느 것이 더 좋은 하나님의 말씀이겠는가? 물론 삭제도 변개도 안된 온전한 성경이다.

또, 하나님께서는 성경을 보존하시겠다고 약속하셨다. 『**주의 말씀들은 순수한 말씀들이라. 흙 도가니에서 단련되어 일곱 번 정화된 은 같도다. 오, 주여, 주께서 이 말씀들을 간수하시리니 주께서 이 세대로부**

터 영원토록 그것들을 보존하시리이다』(시 12:6,7). 『**오 주여, 주의 말씀은 영원히 하늘에 세워졌나이다**』(시 119:89). 『**풀은 마르고 꽃은 시드나 우리** 하나님**의 말씀은 영원히 서리라**』(사 40:8). 그렇다면 그 성경은 어떤 성경인가? 물론 삭제도 변개도 안된 성경이다. 그런데도 삭제되고 변개된 성경을 선호하며 사용하는 사람들은 누구인가? 그런 것도 성경이라고 옹호하고 변명하는 자는 누구이겠는가? 그들은 마귀의 자녀인가, 하나님의 자녀인가? 마귀에게도 그의 교회가 있고, 그의 목자가 있고, 그의 자녀가 있고, 그의 성경이 있다는 것을 알지 못하겠는가?

마귀는 성경과의 전쟁을 끊임없이 전개하고 있다. 그들의 목적은 인간의 손에서 참성경을 빼앗아 버리는 일이다. 암흑시대(A.D. 400-1600)는 로마 카톨릭이 성도들의 손에서 성경을 빼앗아가 버린 시대였다. 사탄의 목적이 그때나 지금이나 성경을 파괴시켜서 성도들로 믿음을 형성시키지 못하게 하는 것이라는 사실을 감안한다면 이 점을 이해하지 못할 사람은 없을 것이다.

당신은 성경을 지키는 사람인가, 아니면 성경을 변개시키는 대열에 참여하고 동조하는 사람인가? 당신이 다니는 교회는 어떤 성경을 쓰는가? 바른 성경을 배격하는 것은 하나님의 권위에 도전하는 것이다. 당신에게 바른 성경을 읽지 못하고, 쓰지 못하고, 믿지 못하게 하는 것은 하나님이 아니라 마귀라는 사실을 유념해야 한다. 이 영적 싸움에서 당신은 어느 편에 서 있는가?

16

구약의 삭제된 부분

이사야 44:9, 예레미야 38:28

히브리 맛소라 원문에서 번역되었다고 주장하는 70인역(LXX)이나 제롬의 라틴 벌게이트(Latin Vulgate)는 맛소라 원문을 제대로 보존해 온 구 라틴 역본(Old Latin)과 비교해 볼 때 누군가에 의해 그 번역이 졸속으로 이루어진 것을 알 수 있다. 그 증거가 구약의 삭제된 부분들이다. 이들 삭제된 부분들은 앞뒤를 살펴보아도 신학적으로나 원문비평학적으로나 삭제되어야 할 하등의 이유를 찾아볼 수 없는 것들이다.

다만 누군가의 실수에 의하여 빠졌거나, 아니면 자기가 맛소라 원문보다 더 나은 번역을 할 수 있다고 생각한 어떤 이에게서 비롯된 것이다. 그 빠뜨린 것을 후대의 관련자들 역시 찾아내지 못하고 지나쳐 지금에 이른 것이다. 그러므로 성경 변개자들의 원문인 시내 사본과 바티칸 사본으로 거슬러 올라가면 성경 변개의 범인을 찾는 것은 그리 어렵지 않다.

성경의 보존은 필요에 의해서 이루어지고, 중요하기에 이루어진다. 하나님의 말씀의 필요성과 소중함을 인지한 사람들만이 생애를 바쳐서 하나님의 말씀을 필사하고 번역하여 보존해 왔다. 이들은 성경을 생명처럼 귀히 여겨 매일같이 읽고 묵상하고 적용하고 가르치며 외치는 사람들이다. 반면에 성경이 필요없는 사람들은 그들 자신이 읽지도 않고, 깨달으려고 공부하지도 않으며, 따라서 가르칠 수도 없는 것이다. 세기를 거듭해 오면서 지배층의 혹독한 박해에도 불구하고 거리에서 복음을 전파하다가 돌에 맞고, 감옥에 투옥되고, 고문당하며, 사형에 처해졌던 사람들은 성경의 중요성을 알고 있던 믿음의 선배들이었다. 그러나 성경을 사랑하지 않고 그 중요성을 모르는 사람들은 그런 일을 할 의사도 없고 할 수도 없는 자들이다. 그런데도 그런 자들이 성경을 말하고 성경 장사를 해서 치부를 하며 성경을 되는 대로 만들어 참 말씀을 희석시키고 있는 것이다.

성경을 삭제시키고, 훼손시키며, 변개시키는 것은 모두 사탄의 사주를 받은 사탄의 자녀들의 행위임을 알아야 한다. 그런 성경을 되는 대로 보급하는 자들과 그런 성경을 분별없이 채택하여 쓰는 자들 역시 눈멀어 있기는 마찬가지이다.

구약의 삭제된 부분 중에서 이사야 44:9과 예레미야 38:28 두 구절을 소개하려고 한다. 관심있는 독자 여러분께서는 객관적인 입장에서 삭제된 이유가 상식적인 견지에서라도 단순한 실수 외에 다른 의미가 있는가를 찾아봐 주었으면 한다. 두 번째로는 그 변개는 언제부터 이루어졌으며 그들은 왜 정정하지 못한 채 오늘에 이르게 되었을까도 아울러 생각해 주기 바란다.

• **이사야 44:9**

<한글킹제임스성경>

『새긴 형상을 만드는 자들은 모두 다 허망하도다. 그들의 기뻐하는 것들은 유익하지 못하리니 그들이 그들 자신의 증인들이라. 그들은 보지도 못하고 알지도 못하여, 수치를 당하리라.』

<King James Version>

『They that make a graven image *are* all of them vanity; and their delectable things shall not profit; and they *are* their own witnesses; they see not, nor know; that they may be ashamed.』

<개역한글판성경>

『우상을 만드는 자는 다 허망하도다 그들의 기뻐하는 우상은 무익한 것이어늘 그것의 증인들은 보지도 못하며 알지도 못하니 그러므로 수치를 당하리라』

<New American Standard Version>

『Those who fashion a graven image are all of them futile, and their precious things are of no profit; even their own witnesses fail to see or know, so that they will be put to shame.』

• **예레미야 38:28**

<한글킹제임스성경>

『그러므로 예레미야는 예루살렘이 함락되는 날까지 감옥의 뜰에 거하였으며, 예루살렘이 함락되었을 때도 거기 있었더라.』

<King James Version>

『So Jeremiah abode in the court of the prison until the day that Jerusalem was taken: and he was *there* when Jerusalem was taken.』

<개역한글판성경>

『예레미야가 예루살렘이 함락되는 날까지 시위대 뜰에 머물렀더라.』

<New American Standard Version>

『So Jeremiah stayed in the court of the guardhouse until the day that Jerusalem was captured.』

※ 밑줄 친 부분은 삭제된 부분임

여기서 필자가 지적한 삭제된 부분은 지금까지 어떤 사람도 찾아내지 못했던 것이다. 이것들은 필자가 〈한글킹제임스성경〉을 번역하는 가운데 찾아낸 부분들이다. 필자는 알렉산드리아 계열의 성경들이 원문비평학적으로 범해 놓은 오류들에 대한 자료를 상당량 보유하고 있으며 본란을 통하여 시간이 허락하는 한 지속적으로 밝히려고 한다.

이들 구약의 삭제된 부분들은 최초의 헬라어와 라틴어 번역자들의 무지와 어리석음에서 저질러진 반면 신약의 변개는 다분히 의도적이었던 것이 그 상이한 점이다. 특히 신약에서 삭제되고 변개된 부분들은 예수 그리스도를 하나님의 아들로 인정하지 않으려는 에비온 학파들(Ebionites), 즉 오리겐, 필로, 클레멘트 등에 의해서 저질러졌던 것이다.

교회에서나 신학교에서나 다른 선교 단체에서 성경을 가르치는 사람들은 성경의 삭제, 변개, 오역된 부분을 그 정도는 괜찮지 않냐고 자위하며 항의하기도 한다. 그들이 범하는 잘못은 부분적 손상을 대단하지 않은 것으로 여기는 데 있다. 여기 마실 물 한 통이 있는데 그 물 속에 다소의 수은이나 염산이나 그외의 불순물이 들어 있을 때 당신은 그 물을 마실 수 있겠는가? 여기 수박이 있는데 그 어느 한 부분이 부패했다면 그것을 썩은 수박이라 하지 않겠는가?

성경은 글자 그대로 거룩한 성경이다. "The Holy Bible"이다. 조금이라도 오류가 섞인 것을 어찌 성경이라고 말할 수 있는가? 변개된 성경을 "The Corrupted Bible", 즉 썩은 성경이라고 한다. 당신은 왜 하필 썩은 성경을 택하는가? 성경의 일부가 훼손되어 있다면 전체 교리를 훼손시킨다는 것을 알아야 한다. 그리스도인은 훼손된 성경을 선호해야 할 하등의 이유가 없다. 예수님께서는 말씀하신다. 『**아버지의 진리로 그들을 거룩하게 하여 주옵소서. 아버지의 말씀은 진리니이다**』(요 17:17). 진리가 오염되고 훼손된다면 그것이 진리가 될 수 있겠는가?

『**주의 말씀들은 순수한 말씀들이라. 흙 도가니에서 단련되어 일곱**

번 정화된 은 같도다. 오 주여, 주께서 이 말씀들을 간수하시리니 주께서 이 세대로부터 영원토록 그것들을 보존하시리이다』(시 12:6,7).

하나님의 자녀이면 바른 성경을 거부해야 할 이유가 없는 것이다.

17

삭제와 첨가

사무엘상 14:48; 15:2; 16:4

• 삭제 : 사무엘상 14:48

<한글킹제임스성경>

『또 사울이 군대를 모아 아말렉을 쳐서 이스라엘을 탈취한 그들의 손에서 이스라엘을 구해 내니라.』

<King James Version>

『And he gathered an host, and smote the Amalekites, and delivered Israel out of the hands of them that spoiled them.』

<개역한글판성경>

『용맹 있게 아말렉 사람을 치고 이스라엘을 그 약탈하는 자의 손에서 건졌더라.』

<New American Standard Version>

『And he acted valiantly and defeated the Amalekites, and delivered Israel from the hands of those who plundered them.』

※ 밑줄 친 부분은 삭제된 부분임

• 대체 : 사무엘상 15:2

<한글킹제임스성경>

『만군의 주께서 이같이 말씀하시기를 '나는 아말렉이 이스라엘에게 행한 일, 즉 그가 이집트에서 올라올 때, 그가 길에서 매복하던 일을 기억하노라.』

<King James Version>

『Thus saith the LORD of hosts, I remember *that* which Amalek did to Israel, how he laid *wait* for him in the way, when he came up from Egypt.』

<개역한글판성경>

『만군의 여호와께서 이같이 말씀하시기를 아말렉이 이스라엘에게 행한 일 곧 애굽에서 나올 때에 길에서 대적한 일을 내가 추억하노니』

<New American Standard Version>

『"Thus says the LORD of hosts, 'I will punish Amalek *for* what he did to Israel, how he set himself against him on the way while he was coming up from Egypt.』

※ 밑줄 친 부분은 대체된 부분임

• 첨가 : 사무엘상 16:4

<한글킹제임스성경>

『사무엘이 주께서 일러주신 대로 행하여 베들레헴으로 오니, 그 고장의 장로들이 그가 오는 것을 보고 떨며 말하기를 "화평 가운데 오시나이까?" 하니』

<King James Version>

『And Samuel did that which the LORD spake, and came to Bethlehem. And the elders of the town trembled at his coming, and said, Comest thou peaceably?』

<개역한글판성경>

『사무엘이 여호와의 말씀대로 행하여 베들레헴에 이르매 성읍 장로들이 떨며 그를 영접하여 가로되 평강을 위하여 오시나이까』

<New American Standard Version>

『So Samuel did what the LORD said, and came to Bethlehem. And the elders of the city came trembling to meet him and said, "Do you come in peace?"』

※ 밑줄 친 부분은 첨가된 부분임

성경을 배격하는 형태는 다양하고 교묘하다. 믿음을 떠난 배교자들은 믿을 성경이 없는데도 태연하게 성경을 믿는 체하며, 또한 성경을 믿는다고 공언하고 있다. 그러나 이들이 하는 행위를 면밀히 검토하면 헛점 투성이기에 이들의 정체가 탄로나는 것은 시간문제일 뿐이다.

첫째, 이들은 늘 성경의 영감성을 최초의 원본에 한정시키려 한다. 이들은 "하나님께서는 최초의 원본에만 영감을 주셨다. 그런데 그 최초의 원본은 지금은 존재하지 않는다. 그러므로 영감받은 성경은 이 세상에 존재하지 않는다."고 주장한다.

둘째, 이들은 그런 가운데서도 원문으로 유도한다. "시내 사본과 바티칸 사본에는 그렇게 되어 있지 않다... 원어로는 그렇지 않다."고 하며, 원어를 모르는 수많은 사람들을 속이고, 읽고 이해할 수 있는 성경을 못 믿게 만든다. 이때 그의 최종권위는 그도 모르는 원어가 아니라, 그가 쓰는 사전이다. 이들은 외경을 거부하면서도 외경이 들어 있는 시내 사본, 바티칸 사본을 선호한다. 그들에게 있어서 바른 성경은 외경이 있는 성경이다.

셋째, 그 다음 줄에 서 있는 자들이 영어 성경을 들쳐업고 나온다. 그들은 "영어 〈킹제임스성경〉이 최종권위이다."라고 말한다. 그러면서 그들은 한 번도 읽어 본 적도 없고, 알지도 못하는 〈킹제임스성경〉을 놓고 "do 용법"이니 "will 용법"이니 하며 성경을 가르치고(?) 있는 것이다.

안티오크의 박만수 전도사도 최종권위가 무슨 뜻인지 모르면서 "최종권위"라는 책을 쓰기도 했다. 지금도 그는 최종권위가 무엇인지 모른다. 그는 영어 〈킹제임스성경〉이 최종권위라고 말한다. 그리고 그는 거기서 성경을 번역했다고 한다. 그에 의하면 최종권위는 그냥 존재하는 것이고, 거기서 나온 또 다른 성경을 사용하는 것이다. 이런 엉터리 발상으로 얼마나 많은 사람들을 혼란에 빠뜨리고 있는지 아는가? 외국어로 된 성경은 그 나라 사람들에게 최종권위가 될 수 없다. 그 나라 사람은 그 외국어를 읽을 줄도 모르고, 알 수도 없기 때문이다.

박만수는 〈한글킹제임스성경〉에서 어휘를 도둑질해다가 성경 비슷한 것을 만들어 놓고 성경을 번역했다고 한다. 도둑질해서 성경을 번역한 경우는 유사이래 처음 있는 희귀한 일이다. 다른 성경에서 어휘와 표현법을 도둑질해서 성경을 만드는 사람을 보았는가? 성경을 도둑질한 이들은 양심이 화인 맞아 저작권, 번역권에 아랑곳하지 않고 다른 서적들도 계속 침해하고 있다[〈두 개의 바빌론〉, 〈뉴에이지 성경 역본들〉(말씀보존학회 보유) 등]. 이들의 양심은 너무 더러워져 있어 하나님의 법으로는 다룰 수 없고 세상 신의 법으로 다스릴 수밖에 없게 될 것이다.

배교는 믿는 사람이 믿음을 떠나 버린 것을 말한다. 배교에는 원인이 있다. 그 원인은 변개된 성경을 수용하는 데서부터 시작된다. 조그마한 누룩이 반죽 전체를 부풀리는 것과 같다. 암은 조기에 발견하지 못하면 치료가 불가능해져 목숨을 잃을 수도 있다.

그 다음으로 배교는 사람이 주도한다. 즉 거짓 학자들이다. 이들은 믿음없는 사람들로부터는 학자로 인정을 받을지 몰라도 성경대로 믿는 사람들로부터는 인정받지 못한 사람들이다. 이들은 웨스트코트

(Westcott), 트레겔레스(Tregelles), 티쉔돌프 (Tischendorf), 홀트(Hort), 엘리콧(Ellicott), 샤프(Schaff), 로버트슨(A.T. Robertson), 케네스 웨스트(Kenneth Wuest), 트렌치(Trench), 빈센트(Vincent), 데이어(Thayer), 렌달(Rendall), 키텔(Kittel), 네슬(Nestle), 알란드(Aland), 브루스(Bruce), 메쯔거(Metzger) 등이다.

그 다음 배교가 배양되는 장소는 늘 신학을 가르치는 학교라는 사실을 기억해야 한다. 예를 들면 옥스퍼드(Oxford), 캠브리지(Cambridge), 튜빙겐(Tubingen), 슈투트가르트(Stuttgart), 하이델베르그(Heidelberg), 뉴욕(New York), 로마(Rome), 네슈빌(Nashville), 시카고(Chicago), 뉴올리언즈(New Orleans), 그린빌(Greenville), 차타누가(Chattanooga), 휘튼(Wheton), 루이스빌(Louisville), 달라스(Dallas), 풀러(Fuller), 사우스 웨스트(South West) 대학 등이다.

이처럼 변개된 성경, 그 성경을 옹호하고 사용하는 학자와 목사들, 그리고 그 성경을 가르치는 학교들이 어우러져 나온 산물이 배교라고 할 때 얼마나 놀라운 일이겠는가? 하나님의 일이 이들에게 위임되었을 때 그 일들이 하나님의 뜻에 합당한 일로 수용되었겠는가?

	한글킹제임스성경(KJV)	개역한글판성경(NASV)
욥 29:3	촛불(candle)	등불(lamp)
욥 29:4	젊은 시절(youth)	강장하던 날(ripeness)
욥 29:4	비밀(secret)	우정(friendship)
욥 29:6	강(river)	시내(stream)
욥 29:14	심판(judgment)	공의(justice)

성경 어느 곳을 펴도 이 정도의 변개는 쉽게 찾을 수 있다. 개역성경을 변호하려는 것은 어리석은 짓이다.

한 나라의 성경적 믿음을 주도한 사람들은 누구인가? 형식적으로 종교생활을 하는 교인들인가? 그들에게 무슨 책임감이 있으며 그들이 주님을 위해서 무엇을 할 수 있겠는가? 한 나라의 성경적 믿음을 주도한 사람들은 성경대로 믿는 그리스도인들이다. 이들에 의하여 성경이 번역되고 출간되며, 이들에 의하여 성경이 보존되고 보급되며, 성경에 근거한 책들이 확산되고, 이들에 의하여 순수한 복음이 전파되고 진리의 지식이 가르쳐진다. 이들에 의하여 성경대로 믿는 지역교회가 세워지고 이들에 의하여 주님이 영광받으신다.

18

현저한 차이

욥기 31:33-34

<한글킹제임스성경>

『만일 내가 내 죄악을 나의 품에 숨김으로써 아담처럼 내 허물을 덮었다면 내가 큰 무리를 두려워하였거나 가족들의 멸시가 나를 무섭게 하여 내가 조용히 하고 문에서 나가지 아니하였던가?』

<개역한글판성경>

『내가 언제 큰 무리를 두려워하며 족속의 멸시를 무서워함으로 잠잠하고 문에 나가지 아니하여 타인처럼 내 죄악을 품에 숨겨 허물을 가리었었던가』

개역성경이 이렇게 번역한 데는 이유가 있다.

1. 개역성경은 33절과 34절을 정연하게 번역하지 못하고 두 구절을 뒤섞어 두루뭉실하게 얼버무렸다.

2. 그 이유는 33절에 나오는 아담 때문에 33절을 삭제시킨 데 있다. 아담을 드러내지 않고 문장을 만들려다 보니 어쩔 수 없이 얼버무려야 하는 지경에 처하게 된 것이다.

3. 실제로 개역성경으로는 무슨 말을 하는지 그 의미를 알 수 없다. 다시 한 번 개역성경을 읽어 보라. 무슨 말을 하고 있는지!

33절에서 갑자기 아담이 등장하자 혼비백산한 것은 비단 개역성경 번역자들뿐만은 아니다. 많은 주석가들도 마찬가지이다. 이들의 의도는 욥기가 기록된 연도를 될 수 있는 한 아담으로부터 멀어지게 만들려는 것이었다. 그뿐 아니다. 욥이 하필 아담을 언급함으로써, 즉 아담이 자기 죄악을 그의 가슴에 숨겼다고 욥이 말함으로써 그 부분을 설명하기가 매우 난감하게 되었던 것이다.

70인역 역시 아담을 삭제시켰다. 아담 대신 "보통 사람"(common man)으로 바꿨다. 이는 개역성경이 "타인"으로 바꾼 것과 같은 것이다. 〈미국표준역본, *ASV*〉은 "사람의 방식을 따라"(after the manner of men)로 고쳤고, 〈리빙 바이블, *Living Bible*〉은 "품"(bosom)을 삭제시켰으며, 〈새영어역본, *NEB*〉은 "사람들이 하는 것처럼"(as men do)을 첨가시켰다.

성경주석가 아담 클라크(Adam Clarke)는 욥기의 기록 시점을 출애굽기 뒤로 본다. 그런 관계로 그는 욥이 아담에 관한 창세기의 기록을 모세가 쓴 글에서 읽었을 것으로 보는 것이다. 그러나 그렇게 보게 되면 한 가지 흥미로운 문제가 야기되는데 그것은 만일 욥이 모세가 설명한 것을 알았더라면 굳이 아담을 들먹거릴 필요가 있었겠느냐는 점이다. 모세오경 이후의 여호수아, 재판관기, 사무엘상·하에서도 아담을 언급하지 않았다. 이들이 모세의 기록을 모르지 않았을 것 아닌가! 이에 대한 답은 아담의 범죄가 재판관기와 사무엘의 때보다 욥의 때에 더 가까웠고 적어도 600년 이상 더 가까웠다는 결론에 이른다(피터 럭크만의 욥기 주석 참조).

아담은 그의 죄악을 숨겼다. 무화과 잎으로 자기의 벌거벗음을 가렸다. 또 그는 자신의 죄를 숨겼는데 마음으로만 숨긴 것이 아니라 나무 뒤에 숨었다(창 3:8, 잠 6:18). 자기뿐만 아니라 그의 아내 이브도 함께 숨었다. 아담은 자신이 숨으면 하나님의 임재로부터 숨을 수 있다고 생각했을 것이다. 그러나 욥은 자신의 죄들을 자백하고 버렸다(잠 28:13).

또 아담은 자기가 범죄한 구실을 자기의 아내에게 돌리고 그 아내를 자기에게 준 하나님을 원망하였다. 아담은 선과 악을 아는 지식의 나무를 먹은 동기에 대해 거짓말하였으며 하나님과의 교제가 단절되고 말았다. 아담은 자신의 그런 허물들을 덮으려고 애썼다. 결국 하나님께서 아담의 허물을 덮어 주시기 위하여 짐승의 가죽으로 옷을 만들어 입게 하셨다. 모든 감춰진 죄악이 결국 품속에 감춰지게 된 것이다.

욥은 큰 무리를 두려워하지도 않았다. 하나님을 두려워할 줄 모르는 자들의 숫자가 아무리 많아도 그것은 두려움의 대상이 못된다. 그들은 지혜도 없고 지식도 없어 힘이 없기 때문이다. 그들은 성경적 교리를 반박할 만한 어떤 근거도 제시하지 못한다. 그들이 할 수 있는 말이란 교계니, 교단이니, 그런 말들뿐이다.

욥은 가족들의 멸시 따위도 아랑곳하지 않았다. 자신과 하나님과의 관계 정립에서 하나님께 불경한 일을 하지 않았다면 떳떳할 수밖에 없다. 욥은 자기가 처한 고난에서도 할 수 있는 한 철저히 자기 방어(변명)를 했다. 그것은 단지 인생의 한계에 도달한 한 인간의 절규는 아니었다. 어디까지나 하나님을 두려워하는 가운데서 자기의 주장을 편 것이었다. 『**나의 바람은** 전능하신 분**께서 내게 응답하시는 것이요**』(35절).

〈개역한글판성경〉을 읽어 보라. 그 내용으로는 시작도 없고, 가닥도 없고, 끝도 없어서 무슨 말을 하는지 알 수 없다. 그런데도 엉터리 성경으로 강해설교를 한다는 자들이 있다. 개역성경으로 위 구절들을 설교한다고 하자. 무슨 거짓말을 할 것인지 뻔하지 않겠는가?

19

얼버무린 성경, 개역성경

신명기 15:3,4,5

<한글킹제임스성경>

3 외국인에게는 네가 다시 독촉해도 되나 네 형제에게 꾸어 준 것은 네 손에서 면제해 줄지니라.

4 너희 가운데는 가난한 자가 없게 되리니 이는 주 너의 하나님께서 네게 유업으로 주어 차지하게 하시는 땅에서 주께서 너희를 크게 복 주실 것임이라.

5 오직 내가 네게 오늘 명령하는 이 모든 계명들을 지켜 행하고 주 너의 하나님의 음성에 주의하여 경청하면 그러하리라.

<King James Bible>

3 Of a foreigner thou mayest exact *it again*: but *that* which is thine with thy brother thine hand shall release;

4 Save when there shall be no poor among you; for the LORD

shall greatly bless thee in the land which the LORD thy God
giveth thee *for* an inheritance to possess it:
5 Only if thou carefully hearken unto the voice of the LORD
thy God, to observe to do all these commandments which I
command thee this day.

<개역한글판성경>

3 이방인에게는 네가 독촉하려니와 네 형제에게 꾸인 것은 네 손에
서 면제하라.
4 (없음)
5 네가 만일 네 하나님 여호와의 말씀만 듣고 내가 오늘날 네게 명하는
그 명령을 다 지켜 행하면 네 하나님 여호와께서 네게 유업으로 주신
땅에서 네가 정녕 복을 받으리니 너희 중에 가난한 자가 없으리라.

<New American Standard Bible>

3 "From a foreigner you may exact *it*, but your hand shall
release whatever of yours is with your brother.
4 "However, there shall be no poor among you, since the
LORD will surely bless you in the land which the LORD your
God is giving you as an inheritance to possess,
5 if only you listen obediently to the voice of the LORD your
God, to observe carefully all this commandment which I am
commanding you today.

개역성경의 신명기 15장은 4,5절이 합쳐져 있다. 독자가 다니는 교회 목사에게 그 원인을 물어 보라. 독자가 만일 신학생이라면 교수에게 물어보라. 그가 정직한 사람이면 모른다고 말할 것이요, 그가 어리석은 사람이면 얼버무릴 것이다. 개역성경의 원조(?)격인 NIV나 ASV, RSV, NRSV, NASV 등에는 분명히 절 구분이 있다. 그런데 왜 한글개역성경은 4절과 5절을 얼버무리게 된 것일까?

첫째, 처음 중국어 번역에서 누군가가 얼버무린 것을 그 다음 사람이 분석하지 않고 그대로 개역성경으로 가져왔기 때문일 것이다. 1888년 한국에 온 캐나다 출신 선교사 게일(James S. Gale)이 번역한 성경이 있다. 윤치호, 이창직, 이승두, 김도희, 박승봉, 조종만 등이 직간접적으로 이 번역에 참여하였다. 한국어에 익숙하지 못한 게일이 번역을 이끌 수는 없었을 것이나, 그때 그가 제시한 자료들이 문제였을 것이다. 흔히 게일이 번역한 성경이 〈킹제임스성경〉에서 번역되었다고 알려져 있다. 그러나 게일은 〈킹제임스성경〉뿐만 아니라 1881년 영어 개역판(RV), 모펫 번역본, 독일 루터성경, LXX(칠십인역) 등을 함께 사용했고, 거기에다 중국어와 일본어 성경을 참조 성경으로 사용하였다.

한 외국인 선교사가 미지의 나라에 복음을 갖고 들어왔으나, 복음을 전파할 성경이 없었을 때 얼마나 안타까웠을까는 짐작하고도 남음이 있다. 그러나 그의 열정과 수고가 빛을 보지 못한 것은 대단히 안타까운 일이다.

한 나라의 성경이 성도들의 호흡과 더불어 성경으로 살아 남을 수 있느냐 하는 것은 무엇보다도 그 성경 자체의 생명력에 달려 있다. 그 성경을 읽어서 이해할 수 있고, 지식을 얻을 수 있고, 그 지식이 믿음을 세워 주는 힘이 될 수 있을 때 그 성경은 생명의 양식이 될 수 있다. 그 성경은 어떤 방해 세력에 의해서도 흔들림이 없이 성경의 권좌를 지킬 수 있는 것이다. 그 성경의 가치와 생명력은 그 성경을 사랑하고 매일같이 읽고 사용하는 사람들에 의해서 하나님의 참 말씀으로 증명되고 있는 것이다.

이 성경은 제도적 교회들에서 제도적 방법으로 사용되는 공인 성경과는 다르다. 교회는 다녀도 성경을 읽지도 않고 TV 위에 올려 놓았다가 교회 가는 날 먼지 털어서 가지고 다니게 될 때 그것은 이미 성경이 아닌 것이다.

거듭난 성도들은 매일같이 성경을 읽고 인용하고 사용하기 때문에 그 성경의 어떤 부분이 삭제되고 변개되고 오역되어 있을 때 그것을 참다운 하나님의 말씀으로 수용할 수 없게 된다. 수용할 수 없게 되었을 때 어떻게 되는가? 그 안에 기록된 말씀을 믿을 수 없게 된다. 하나님의 약속을 하나님의 것으로 받아들이지 못했을 경우에 그 독자는 하나님의 계시를 어떻게 이해할 수 있을 것이며, 하나님을 어떻게 믿을 수 있을 것이며, 하나님과의 인격적인 교제를 어떻게 유지할 수 있겠는가?

바른 성경이 아니면 성도가 바른 지식을 얻지 못하게 되고 바른 믿음을 얻을 수도 없게 된다는데도, 바른 성경을 거부하는 사람은 누구인가? 바른 성경의 훼손을 막기 위해서 자신의 생명을 바쳐 성경을 지킨 사람은 누구이며, 성경이 훼손되어도 상관없다고 방치한 사람은 누구인가? 당신의 성경은 어떤 성경인가? 성경이 훼손되었는데도 그 성경으로 개인의 믿음을 구축하는 데 이상이 없던가? 틀린 성경으로도 이상이 없다고 한다면 그 믿음이 이상한 것이다.

사람은 자신을 속일 수 있고 타인을 속일 수는 있어도 하나님께는 아무것도 속이거나 숨길 수 없다는 것을 알아야 한다. 인간의 기교와 고안으로 인간들의 눈은 속일 수 있을지 모르나 그것도 얼마간 뿐이다. 『**이는 숨겨진 것이 드러나지 않을 것이 없고, 비밀로 간직된 것도 공개되지 않을 것이 없음이니라**』(막 4:22).

본문의 신명기 15:4도 이제야 드러나게 되었다. 진작에 알려질 수 있었지만 이 땅의 자칭 하나님의 일꾼들이 하나님의 일에 무책임했기 때문에 알려지지 않았던 것이다. 그들이 궁지에 몰리게 될 때 그들은 얼굴을 가리고 그 유명했던 각종 광고에서 자신의 얼굴을 빼 달라고 애원할 것이다. 그때가 언제인가? 바른 성경을 손에 든 많은 사람들 앞에 "얼버무린 성경"을 혼자 들고 있을 때일 것이다.

20

엉망진창인 개역성경의 인명과 지명

역대기상 6:28,33; 7:28,34; 9:2

성경은 생명의 책이다. 생명의 책이기에 인명이 일일이 거명되어 있다. 또 이 인명들이 모두 실존했던 인물들이라는 그 경이로움에 고개숙이게 된다. 성경은 솔직하고 정직한 책이다. 인간이 지은 죄들을 사실 그대로 적고 있다. 롯이 소돔에서 나와 소알의 산속 굴에서 두 딸과 지냈던 이야기며, 유다가 며느리 타말인 줄 모르고 지냈던 일이며, 다윗이 우리야의 아내 밧세바와 동침하고 그녀의 남편을 전장에 보내어 죽게 했던 일 등 성경은 의로운 일에만 솔직한 것이 아니라 악한 일도 솔직하게 기술해 놓은 책이다.

성경을 읽어 가다가 인명이 많이 나오는 역대기상, 느헤미야, 에스라를 만나면 당신은 어떻게 하는가? 당신이 하나님의 자녀이면 그 말씀도 하나님의 말씀이기에, 그 말씀을 읽을 수 있는 특권을 받았기에 다른 책들을 읽을 때와 동일한 경건함으로 읽어야 한다. 여러 번 읽다 보면 인명도 눈에 들어오게 된다. 그런데 만일 그 인명이 본문의 이름과 다르게 번역되고 표기되었다면 성경 독자가 성경을 이해하는데 어떤 유익을 얻을 수 있을까? 다른 본문은 틀리면 안되고 인명과 지명은 틀려도 괜찮은 것인가? 성경에 수록된 모든 문자는 삭제되거나 변개되면 안된다. 〈개역한글판성경〉은 인명과 지명 표기에 있어서도 싸구려 성서의 이름을 벗어 버릴 수 없게 되어 있다. 박엽지에 좋은 활자로 인쇄하고, 잘 제본해서 금장으로 물리고, 노란 줄 빨간 줄 달고, 가죽 표지에 지퍼 달아서 내놓으면 그것이 성경이 되는 것인가?

그 좋은 학력과 경력을 자랑하는 각 교단의 총회장들, 신학대학 총장, 학장들, 고문, 총재, 회장, 실무대회장, 실무처장, 상임대회장, 상임회장, 화란에서 독일에서 영국에서 미국에서 필리핀에서 공부하고 학위를 몇 개씩 받으신 고명하신 신학자님들은 성경을 읽는 것인가 안 읽는 것인가! 도대체 성경이 필요한 사람인가 성경이 필요 없는 사람인가? 하나님 말씀을 하나님께 묻지 않고 무식한 대한성서공회 직원들에게 묻는 자들이 무엇을 알며 무엇을 가르치겠는가? 그들은 의식있는 자기들의 교인들께 죄송하다고 말해야 한다. 개역성경은 원문을 전수한 성경이 못된다. 그것은 어디까지나 바른 성경이 나올 때까지만 사용되었어야 했음에도 그처럼 고명하신 분들 때문에 여전히 읽혀지지 않는 채 사용되고 있다.

너무 틀린 자료가 많아서 어디를 펴봐도 그 오류를 쉽게 찾아낼 수 있다. 독자 여러분께서도 개역성경 어디나 펴서 〈한글킹제임스성경〉과 대조해 보시면 그 차이점을 아시게 될 것이다. 〈한글킹제임스성경〉은 인명과 지명에서 맛소라 원문과 〈킹제임스성경〉의 영문 표기를 획일화해서 번역했기 때문에 개역성경처럼 여기에서는 이렇게 저기서는 저렇게 표기하지 않았다. 의심가는 것을 믿으라 하면 믿겠는가? 〈한글킹제임스성경〉의 인명 및 지명 표기는 여러분이 믿어도 된다는 것을 말씀드린다. 여기 우선 몇 가지를 대조해 본다.

• **역대기상 6:28**

<한글킹제임스성경>

『**사무엘의 아들들은 맏아들 와스니와 아비야더라.**』

<King James Version>

『And the sons of Samuel; the firstborn Vashni, and Abiah.』

<개역한글판성경>

『사무엘의 아들들은 맏아들 요엘이요 다음은 아비야며』

<New International Version>

『The sons of Samuel : Joel the firstborn and Abijah the second son.』

※ 차이 : 와스니(Vashni)를 〈개역한글판성경〉은 요엘이라고 했다.

그렇다면 이런 오류가 어떻게 해서 나오게 되었을까? 그 이유는 역대기상 6:33에서 스무엘(Shemuel)을 〈개역한글판성경〉을 포함해서 ASV, NIV, RSV 등 모든 알렉산드리아 계열 성경들이 사무엘(Samuel)로 잘못 번역한 데서 나온 것이다.

〈킹제임스성경〉을 배격한 프린스톤, 달라스, 밥 존스, 리버티, 테네시 탬플 등의 모든 성경 학자들에게 무슨 할 말이 있겠는가? 그들이 할 수 있는 일이란 〈킹제임스성경〉이 틀렸다고 거짓말할 채비를 하는 것뿐이다. 마귀에게 쓰임받는 자들은 거짓말이 무기이니까!

- **역대기상 6:33**

<한글킹제임스성경>

『그들의 자손과 함께 대기하던 자들은 이러하니라. 코핫인들의 아들들 중에서 헤만은 찬송하는 자로 요엘의 아들이요, 이는 스무엘의 아들이요』

<King James Version>

『And these *are* they that waited with their children. Of the sons of the Kohathites: Heman a singer, the son of Joel, the son of Shemuel』

<개역한글판성경>

『직무를 행하는 자와 그 아들들이 이러하니 그핫의 자손 중에 헤만은 찬송하는 자라 저는 요엘의 아들이요 요엘은 사무엘의 아들이요』

<New International Version>

『Here are the men who served, together with their sons: From the Kohathites: Heman, the musician, the son of Joel, the son of Samuel』

※ 차이 : 스무엘을 사무엘로

- **역대기상 7:28**

<한글킹제임스성경>

『그들의 소유와 처소는 벧엘과 그 마을들이요, 동쪽으로는 나아란

이요, 서쪽으로는 게셀과 그 마을들이요, 세켐과 그 마을들이요, 가자 와 그 마을들까지라.』

<King James Version>

『And their possessions and habitations *were*, Bethel and the towns thereof, and eastward Naaran, and westward Gezer, with the towns thereof; Shechem also and the towns thereof, unto Gaza and the towns thereof:』

<개역한글판성경>

『에브라임 자손의 산업과 거처는 벧엘과 그 향리요 동에는 나아란이요 서에는 게셀과 그 향리며 또 세겜과 그 향리니 아사와 그 향리까지며』

<New International Version>

『Their lands and settlements included Bethel and its surrounding villages, Naaran to the east, Gezer and its villages to the west, and Shechem and its villages all the way to Ayyah and its villages.』

※ 차이 : 가자를 아사로

- **역대기상 7:34**

<한글킹제임스성경>

『사멜의 아들들은 아히와 로가와 여훗바와 아람이요,』

<King James Version>

『And the sons of Shamer; Ahi, and Rohgah, Jehubbah, and Aram.』

<개역한글판성경>

『소멜의 아들들은 아히와 로가와 호바와 아람이요』

<New International Version>

『The sons of Shomer: Ahi, Rohgah, Hubbah and Aram.』

※ 차이 : 사멜을 소멜로, 여훗비를 호바로

• **역대기상 9:2**

<한글킹제임스성경>

『이제 그들의 성읍에 있는 그들의 소유지에 거한 첫 번째 거민들은 이스라엘인들과 제사장들과 레위인들과 느디님인들이었더라.』

<King James Version>

『Now the first inhabitants that *dwelt* in their possessions in their cities *were*, the Israelites, the priests, Levites, and the Nethinims.』

<개역한글판성경>

『먼저 그 본성으로 돌아와서 그 기업에 거한 자는 이스라엘 제사장들과 레위 사람과 느디님 사람들이라』

<New International Version>

『Now the first to resettle on their own property in their own towns were some Israelites, priests, Levites and temple servants.』

※ 차이 : 이스라엘인들을 이스라엘 제사장들로

앞으로 어떤 조잡한 성경이 이 땅에 나온다 해도 〈한글킹제임스성경〉의 번역을 우리의 허가 없이 모방할 수 없다. 이 점은 매우 중요하다. The JUDGES, 재판관기를 사사기로 표기하고, The SONG OF SOLOMON, 솔로몬의 노래를 중국 성경과 같이 아가서라고 표기해서 썼던 것을 〈한글킹제임스성경〉은 원문대로 번역하였다. 앞으로 어떤 성경이 나온다 해도 그것은 그들의 자유일는지 모르지만 "재판관기"와 "솔로몬의 노래"를 그대로 따를 수는 없다. 이것이 판권이요, 곧 선취 특권이기 때문이다. 이와 병행해서 수많은 인명, 지명 역시 그들이 성경을 번역하는 것은 자유일는지 모르지만 〈한글킹제임스성경〉대로 표기하게 되면 그것은 표절이요 도둑질이며 가짜인 것이다.

21

영과 혼의 개념을 이해 못하는 개역성경

욥기 7:11

1990년 〈한글킹제임스성경〉의 신약성경이 새성경으로 출간되었을 당시 신촌 지역의 어느 교회에서 전도사로 일하고 있던 한 젊은이가 있었다. 그는 서울교육대학을 나왔지만 주님께 헌신하고 최선을 다해서 주님을 섬기려 하였다. 그러나 이 젊은이는 새성경으로 개역성경에 삭제된 부분들과 오역된 부분들을 대조해 보고 아연실색하였다. 결국 그는 어느 날 회중 앞에 서서 개역성경을 찢어 보이고 그 교회를 떠났다. 내가 그를 만난 것은 그로부터 2,3개월 뒤였다.

개역성경은 영과 혼을 구별하지 못하는 성경이다. 이 성경으로는 신학과 교리를 정립시킬 수 없는데도 어리석은 사람들은 '조금 틀리면 어떻습니까? 우리 믿음의 선배들도 이 성경으로 주님을 섬겼는데요.' 라고 한다. 이 말은 사탄이 이브에게 했던 말이다. 『"**참으로** 하나님**께**

서 말씀하시기를 '너희는 동산의 모든 나무에서 나는 것을 먹지 말라.' 하시더냐?"』(창 3:1). 예수님께서는 『**하늘과 땅은 없어져도 내 말들은 결코 없어지지 아니하리라.**』고 말씀하셨는데도(마 24:35), 말씀을 거역하는 자들은 "참으로 주님께서 말씀하시기를 '하늘과 땅은 없어져도 내 말들은 결코 없어지지 아니하리라.'고 하시더냐?"라고 하며 의심을 제기하는 것이다.

개역성경을 선호하는 사람들은 영과 혼에 대해 관심이 없다. 그들은 자신들의 개역성경 히브리서 4:12에서 "하나님의 말씀은 살았고... 혼과 영과 및 관절과 골수를 찔러..."라고 쓰고 있으면서도 영과 혼을 구별하지 못하고 영혼이라고 해버린다. 나는 그들이 그렇게 하는 원인을 알고 있다. 그 원인은 그들이 창세기 2:7에서 얼버무렸기 때문이다.

창세기 2:7은 『주 하나님**께서 땅의 흙으로 사람을 지으시고 그의 콧구멍에다 생명의 호흡을 불어넣으시니, 사람이 살아 있는 혼이 되었더라.**』인데, 개역성경은 "여호와 하나님이 흙으로 사람을 지으시고 생기를 그 코에 불어 넣으시니 사람이 생령이 된지라."로 잘못 번역한 것이다. 하나님의 생기(영)를 흙에다 넣으시니 인격을 갖춘 살아 있는 혼(인간)이 태어나야 정상인데 개역성경대로 하면 "생령", 즉 이상한 신(ghost) 같은 인간이 된 것이다.

창세기 2:7에서 인간이 혼이 된 것을 몰랐던 것은 개역성경이 최초가 아니다. 플라톤(Plato)이 몰랐고, 그의 추종자 어거스틴(Augustine)이 몰랐고, 칼빈(John Calvin)이 몰랐기에 미국의 개신교도 몰랐던 것이다.

영과 혼을 구별하지 못하는 사람은 절대로 성경을 해석할 수 없다. 천국과 하나님의 나라를 구별짓지 못하면 종말론을 엉망으로 만들듯이, 영과 혼을 구별짓지 못하면 하나님, 예수 그리스도, 성령론을 제대로 해석할 수 없게 된다.

그런 근거 위에서 욥기 7:11을 점검해 보자.

<한글킹제임스성경>

『그러므로 내가 내 입을 삼가지 아니하고 내 영의 고통 가운데 말하리이다. 내가 내 혼의 쓰라림 가운데 불평하리이다.』

<개역한글판성경>

『그런즉 내가 내 입을 금하지 아니하고 내 마음의 아픔을 인하여 말하며 내 영혼의 괴로움을 인하여 원망하리이다』

왜 개역성경은 원문을 훼손시켜 자기들 스스로도 모르는 말을 적어놨을까? 이 성경으로 주석을 쓴다면 뭐라고 쓰겠는가? 강단에서 강해 설교하는 자들은 무슨 거짓말로 회중을 미혹하겠는가? 신학교에서 성경을 가르치는 자들은 어떻게 가르치겠는가? 한심한 짓들을 하지 않겠는가?

욥은 덧없는 인생을 말하고 있는 것이다. 인생은 노예 생활 같고(욥 7:1), 시련 같으며(욥 7:18), 바람 같고(욥 7:7), 베틀의 북 같고(욥 7:6), 그림자 같으며(욥 8:9), 달리는 말 같고(욥 9:25), 독수리의 비상 같으며(욥 9:26), 빠른 배 같고(욥 9:26), 바람에 지는 낙엽과 같으며(욥 13:25), 썩은 나무 같고(욥 14:8), 꽃과 같으며(욥 14:2), 구름 같은 것이다(욥 30:15). 인생은 안개 같다고 야고보 사도도 기록하지 않았던가?(약 4:14).

예수 그리스도는 생명 자체이시며(요 14:6), 이 생명은 영생을 말한다. 만일 그분이 죽었다가 살아나지 못하셨다면 그분은 아무에게도 생명을 나눠 주실 수 없는 것이다. 구약에서 이스라엘에게 제시된 생명으로 만나가 있었다. 그러나 그것을 40년 간 먹은 그들은 모두 죽었다. 또 반석에서 나온 물을 마신 광야의 이스라엘은 다시 갈증을 느껴야 했다. 만나이시며, 반석의 물이신 예수님은 그때 그들에게 아직 제시되지 않으셨다. 그들은 율법만을 받았을 뿐이다. 하나님께서 육신으로 오셔서 친히 어린 양이 되시어 성경대로 십자가에서 죽으시고 장사되셨다가 부활하셨을 때 그분은 그분의 생명을 나눠 주시게 된 것이다. 이제 그분이 제시한 복음을 믿고 그분을 영접한 사람은 예수님의 살을 먹고 피를 마신 사람이 된 것이다. 그분의 살은 영원히 배고프지 아니한 양식이요, 그분의 피는 영원히 목마르지 아니한 음료인 것이다. 『예수**께서 그들에게 말씀하시기를 "진실로 진실로 내가 너희에게 말하노니, 너희가** 인자**의 살을 먹지 않고 또 그의 피를 마시지 아니하면 너희 안에 생명이 없느니라. 내 살을 먹고 내 피를 마시는 자는 누구든지 영원한 생명을 가졌나니 내가 그를 마지막 날에 살리리라. 이는 내 살은 참된 양식이요, 내 피는 참된 음료임이라. 내 살을 먹고 내 피를 마시는 자는 내 안에 거하며, 나도 그 사람 안에 거하느니라**』(요 6:53-56).

욥은 아직 영생의 진의를 몰랐다. 많은 순교자들은 영생의 진의를 알고 있는 사람들이었기에 더 좋은 부활을 택했다. 그런데 욥은 의인이 당하는 고통만을 불평하고 있는 것이다. 자신은 적어도 하나님과 연관해서 결코 잘못한 일이 없다고 생각한 사람이다. 욥은 자기 영으로 하나님을 알고, 교제하고, 경배드릴 수 있음을 알고 있었다. 하나님의 존재와 역사를 부인하는 자는 영이 죽어 있어 깨우침을 받지 못한다. 하나님께서는 아무나 경배와 찬양을 드린다고 받아주시는 분이 아니시다. "영과 진리"로 드리는 경배만 받아주신다. 인간은 영과 진리로만 하나님과 교제가 가능하다. 이것이야말로 거짓말할 수 없는 사실이다. 욥은 하나님과 교제하고 있었으나 자기를 향한 하나님의 뜻을 이해할 수 없었기 때문에 고통스러웠던 것이다. 그런 욥이 그의 혼의 쓰라림을 당하는 것은 너무나 당연한 일이다. 욥은 맨 나중에서야 자기가 하나님 앞에 불평할 수 없는 존재임을 인식하고 이렇게 실토했다. 『**그러자 욥이 주께 대답하여 말씀드리기를 "주께서는 모든 것을 하실 수 있으며 주의 생각은 그 무엇도 막지 못한다는 것을 내가 아나이다. 지식 없이 이치를 가리는 자가 누구니이까? 그러므로 나는 깨닫지 못한 것을 말하였으니 그것들은 내게 너무 경이로워서 내가 알지 못하였나이다. 내가 간구하오니, 들으소서, 내가 말하겠나이다. 내가 주께 묻겠사오니, 나로 알게 하소서. 내가 주에 대하여 귀로만 들었사오나 이제는 내 눈으로 주를 보나이다. 그러므로 내가 나를 미워하고, 티끌과 재 속에서 회개하나이다." 하더라**』(욥 42:1-6).

혼과 영을 구별짓지 못하는 성경은 성경이 아니다. 성경은 교리서이다. 틀린 성경으로 바른 교리를 정립시키는 것이 가능하겠는가? 틀린 성경으로 하나님을 바로 섬겨 영과 진리로 하나님을 경배할 수 있겠는가? 바른 성경이 없이는 교회를 해서는 안되며 바른 성경이 없이는 신학교도 해서는 안되는 이유가 바로 여기에 있는 것이다.

22

하늘과 하늘들

시편 148:4

<한글킹제임스성경>

『너희 하늘들의 하늘들과 하늘들 위에 있는 너희 물들아, 그를 찬양하라.』

<개역한글판성경>

『하늘의 하늘도 찬양하며 하늘 위에 있는 물들도 찬양할지어다.』

개역성경의 가장 심각한 문제점은 그 성경으로는 성경의 진의를 해석할 수 없게 되어 있다는 점이다. 개역성경으로는 하늘이 몇 개 있는지도 알 수 없을 뿐만 아니라, 하늘 위에 물이 있다는 것도 알 수 없으며, 하늘 북쪽에 하나님의 보좌가 있다는 사실도 알 수 없다.

『**태초에** 말씀**이 계셨고, 그** 말씀**이 하나님과 함께 계셨으니, 그** 말씀

은 하나님**이셨느니라**』(요 1:1). 이와 같이 성경은 말씀이 하나님이시라고 가르쳐 주고 있는데, 이들은 그 사실도 모르고 있다. 『**또 내가 하늘이 열린 것을 보니 흰 말이 보이더라. 그 위에 앉으신 분은** 신실**과** 진실**이라 불리며 의로 심판하고 싸우시더라. 그의 눈은 불꽃 같고 머리에는 많은 왕관이 있고 또 한 이름이 기록되어 있는데 그 자신 외에는 아무도 모르며 피에 적신 옷을 입었는데 그의 이름은** 하나님**의** 말씀**이라고 불리더라**』(계 19:11-13). 요한복음에서는 말씀이 예수 그리스도시고, 요한계시록에서는 예수님이 하나님의 말씀이라고 되어 있다. 또 예수님께서도 "나는 길이요, 진리요, 생명이라"고 친히 말씀하셨다(요 14:6).

그런데 이상한 것은 말씀을 거역하고 진리를 거부하면서도 예수님을 믿는다고 하는 자들의 행위이다. 이들은 말씀을 거역하고 진리를 거부하면 영적으로 눈이 먼다는 사실조차 모르고 있다. 그러면서도 이들은 교회 성장을 자랑하고, 은사를 자랑하며, 연보를 자랑하고 있다. 이들은 주님이 보시기에 자신들이 비참하고, 가련하며, 가난하고, 눈멀고, 헐벗었다는 것조차도 알지 못하는 것이다(계 3:17).

하나님의 바른 말씀은 "하늘"과 "하늘들"을 구분하고 있다. 그 구분은 너무나 뚜렷해서 알려고만 한다면 누구라도 알 수 있는 것이다. 그런데 영적으로 눈먼 소경들이 하늘들과 하늘을 구분하지도 못하는 성경을 들고 회중 앞에 나가서 성경을 가르치고 있다. 이 소경이 다른 소경을 인도하여 어디로 가겠다는 것인가? 둘 다 구덩이에 빠져 기어나오지도 못할 것이 분명하지 않은가? 이것이 어디 단순하게 성경만을 논하자는 것인가? 이것이 어디 비평으로만 그칠 수 있겠는가?

하늘은 세 개가 있다. 첫째 하늘은 구름이 떠 있고, 새가 날아다니고, 비행기가 날아가는 것이 육안으로 보이는 그 하늘을 말한다. 예수님이 승천하실 때 두 제자의 시야에서 그 모습이 사라지신 하늘이 첫째 하늘이다. 둘째 하늘은 태양과 달, 별들이 있는 곳이다. 셋째 하늘은 하나님의 보좌가 있는 곳을 말한다. 성경에서 말하는 북쪽이다. 나침반의 바늘이 항상 가리키고 있는 북쪽, 그곳을 진북(True North)이라 하는 것이 이상한가? 이 셋째 하늘은 별자리들을 지나고 성운들과 은하계, 성단들 너머에 있다. 이곳에 대해 기록한 성경의 다른 부분들을 잠시 살펴보자.

『**북편에 있는 위대한** 왕**의 도성 시온 산은 그 자리잡은 곳이 아름다우며 온 땅의 기쁨이니**』(시 48:2).

『**이는 높이는 일이 동쪽에서나 서쪽에서나 남쪽에서 오는 것이 아니기 때문이라**』(시 75:6). 여기서 "북쪽"이 빠진 것은 우연이 아니라, 하나님께서 북쪽을 대신하고 계시기 때문이다.

『**영원에 거하시는 높고 우뚝 솟은** 분, **그의 이름이** 거룩이신 **분이 이같이 말하노라. 나는 높고 거룩한 곳에 거하며...**』(사 57:15). 그곳이 높은 곳에 있다고 말하지 않는가?

『**오 아침의 아들 루시퍼야, 네가 어찌 하늘에서 떨어졌느냐! 민족들을 연약하게 하였던 네가 어찌 땅으로 끊어져 내렸느냐! 이는 네가 네 마음 속에 말하기를 "내가 하늘에 올라가서 내 보좌를** 하나님**의 별들보다 높일 것이요, 내가 또한 북편에 있는 회중의 산 위에 앉으리라.**

내가 구름들의 높은 곳들 위로 올라가서 지극히 높으신 분**같이 되리라." 하였음이라**』(사 14:12-14). 얼마나 정확하고 선명한가!

이와 관련하여 또 한 가지 개역성경으로는 알 수 없는 것이 있다. 그것은 바로 창세기 1:2에서 "깊음의 표면"으로 표현되는 곳이다. 『**땅은 형체가 없고 공허하며 어두움이 깊음의 표면에 있으며** 하나님**의** 영**은 물들의 표면에서 거니시더라.**』 이것은 창세기 1:6에서 하나님께서 『**물들 가운데 창공이 있으라. 창공으로 물들에서 물들을 나누게 하라.**』고 말씀하심으로 하늘들 위에 있게 된 물을 말한다. 많은 주석가들은 이 물을 "수증기"로 알고 있었다. 그러나 수증기는 "하늘들 위의 물"이 아니다. 개역성경도 하늘들 위의 물을 그 정도로 알고 있을 뿐이다.

시편 148:4의 "하늘들"은 "하늘"이 아니다. 이 물은 단수 "하늘"에 있는 것이 아니라 복수 "하늘들" 위에 있는 것이다. 물 가운데 나타난 창공은 해와 달과 별들을 포함시킨 창공이다. 그런데 어떻게 이 창공이 대양과 구름 사이의 공간이 될 수 있겠는가?

성경은 이 물의 표면이 얼어 있다고 말씀하신다. 『**물이 돌로 된 것처럼 감추어졌고 깊음의 표면은 얼어 있도다**』(욥 38:30). 『**보좌 앞에는 수정과 같은 유리 바다가 있고**』(계 4:6). "얼어 있다"는 표현과 "유리 바다" 같다는 표현은 우리에게 그 실상을 상상할 수 있게 한다. 태평양과 인도양과 대서양의 물은 우리가 볼 수 있다. 그러나 이 물은 우리가 볼 수 없는 곳에 감추어져 있다고 기록되어 있다. 이것이 깊은 물의 표면이다. 이 지구는 창세기 1:2에서 한 번 실제로 물에 잠겼고, 또 노아 홍수로 두 번째 물에 잠겼다. 셋째 하늘에 있는 물은 태평양, 대서양, 인도양의 물을 다 합친 것보다 적어도 30억 배 이상 더 많은 물이다.

이 물 아래 있는 인간들이 물고기로 비유된 것은 우연이 아니다(전 9:12, 합 1:14, 마 4:19, 막 1:17). 예수님께서 처음 뽑으셨던 네 제자들이 어부였던 것도 우연이 아니다.

개역성경처럼 "하늘의 하늘도 찬양하며 하늘 위에 있는 물들도 찬양할지어다."라고 하면 성경을 믿지 못하게 만드는 것이다. 사람들로 하나님의 말씀을 믿지 못하게 만드는 것, 바로 그것이 죄가 아니고 무엇이겠는가? 말씀을 거부하면서도 예수님을 믿는다고 하면 거짓말을 하는 것이다.

바른 성경이 아니면 바른 믿음을 정립시킬 수 없다.

23

하나님과 아버지와 그리스도의 신비의 지식

골로새서 2:2

<한글킹제임스성경>

『이는 그들의 마음이 위로를 받고 사랑으로 엮어져서 완전한 이해의 확신이 모든 풍요함에 이르러 하나님과 아버지와 그리스도의 신비의 **지식에 이르게 하려 함이라.』**

<King James Version>

『That their hearts might be comforted, being knit together in love, and unto all riches of the full assurance of understanding, to the acknowledgement of the mystery of God, and of the Father, and of Christ;』

<개역한글판성경>

『이는 저희로 마음에 위안을 받고 사랑 안에서 연합하여 원만한 이해의 모든 부요에 이르러 하나님의 비밀인 그리스도를 깨닫게 하려 함이라』

<New American Standard Version>

『that their hearts may be encouraged, having been knit together in love, and *attaining* to all the wealth that comes from the full assurance of understanding, *resulting* in a true knowledge of God's mystery, *that is,* Christ *Himself,*』

1. 개역성경은 그리스도를 하나님의 비밀이라고 했다. 어째서 그리스도가 하나님의 비밀인가? 하나님의 비밀이 어떻게 복음의 주체가 되셨으며, 구원의 주체가 되셨고, 경배의 주체가 되셨으며, 성경의 주제가 되셨을까? 무슨 넋두리 같은 소리인가? 개역성경으로 설교하는 자들은 그리스도가 하나님의 비밀이라고 가르치지 않겠는가?

2. 개역성경은 "과 아버지"(and of the Father)를 삭제시켰다. "하나님과 아버지와 그리스도의 신비"에서 아버지가 걸렸던 모양이다. 바울의 문체를 살펴보면 "하나님과 아버지와"라는 표현은 이곳뿐만 아니라 고린도후서 1:3, 11:31, 갈라디아서 1:4, 에베소서 1:3, 골로새서 1:3에서도 볼 수 있다. 본문에서 아버지를 삭제시킬 하등의 이유가 없다. 다만 어떤 거듭나지 않은 자가 자기 식성에 맞지 않는다고 해서 삭제시킨 것이 분명하다.

3. 그리스도는 하나님의 "비밀"이 아니다. 그리스도는 하나님의 "신

비"이다. 『**일곱째 천사가 소리를 내는 날들에 그가 나팔을 불게 되리니, 그때에** 하나님**의 신비가 그분께서 자기의 종들인 선지자들에게 선포하신 것과 같이 이루어질 것이라."고 하더라**』(계 10:7).

"비밀"(secret)은 남에게 알리지 않는 것이요, "신비"(mystery)는 사람의 지혜와 힘으로는 도저히 알아낼 수 없는 것을 말한다. 예수 그리스도가 비밀이라면 그분이 사람들에게 알려지지 않았다고 말하는 것인데, 그런 것도 성경이라고 믿겠는가? 예수 그리스도는 그분을 믿든지 안 믿든지 불문하고 모든 사람의 왕이시다. 그분은 왕중의 왕이시고 주중의 주님이시다. 그분의 탄생을 기점으로 해서 세상은 달력을 쓰고 있지 않은가? 12월 25일이 그분의 탄생일이든 아니든, 그분을 믿는 사람이건 안 믿는 사람이건 그분의 탄생을 축하하려고 약 1997년 간이나 소란을 피우고 있지 않는가? 이 세상에 어떤 왕이 그처럼 오랫동안 인류의 추앙을 받아왔으며, 그의 생일을 기점으로 달력을 사용하는 것을 봤는가? 예수 그리스도는 하나님의 신비이지 비밀이 될 수 없다.

어떤 어리석은 목사가 〈죄사함의 비밀〉이라는 제목의 책을 나에게 남겨두고 갔다. 죄사함이 무슨 비밀인가? 자신이 죄인이라고 시인한 사람이 예수 그리스도께서 그 사람을 위해 대신 죽으심으로 그의 죄가 용서되었음을 알고, 그분을 구세주로 믿고 영접하면 죄사함을 받는 것인데, 그게 무슨 비밀이 될 수 있는가? 둘 다 마찬가지로 어리석은 짓들이다.

성경에서 아버지의 신비를 언급한 곳은 이사야 9:6, 디모데전서 3:16이다. 아버지가 아들이셨고, 아들이 아버지이심은 참으로 신비가 아닐 수 없다. 어찌 그들의 초등학문으로 이 점을 알 수 있겠는가? 개역성경으로는 여호와의 증인들이나 낳을 수 있는 것이다.

그리스도의 신비는 에베소서 3:1-9에 잘 기록되어 있다.

4.『그리스도의 신비의 지식에 이르게 하려 함이라.』

개역성경대로 "하나님의 비밀인 그리스도를 깨닫게 하려 함이라." 에서처럼 하나님께서 의도적으로 밝히시기를 거부한 "비밀"이라면 인간이 어떻게 깨달을 수 있겠는가! 이것은 모순이다.

성경을 은유적으로, 영적으로 해석했던 사람들은 성경에서 다른 참조 구절을 찾아낼 수 없었기 때문이었다. 틀린 성경은 유기체가 될 수 없다. 성경은 약 840,000 단어가 서로 보이지 않는 틀과 격을 짜 맞추고 있는데 개역성경처럼 "하나님의 비밀인 그리스도를 깨닫게 하려 함이라."고 했다면 그 성경이 틀린 것은 두말할 것도 없고 그 성경을 가지고 주석을 쓰는 자도 거짓말하는 것이요, 그 성경으로 강해설교, 본문설교, 주제설교를 하는 자들도 모두 거짓말을 할 수밖에 없다.

그 말들을 듣고 있는 회중들에게 어떤 깨달음이 있겠는가? 당신은 거짓말을 듣고서도 아멘하겠는가? 영적 양식을 먹지 않고서도 믿음을 지탱할 사람들이 있겠는가? 진리의 지식을 깨닫지 못하는데 어찌 무장할 수 있으며 무장하지 못했는데 어찌 영적 전쟁에 나갈 수 있겠는가? 성령님께서 그분이 기록하신 말씀에 어긋남에도 불구하고 그 말씀에 조명을 주시며 역사하시겠는가? 그렇기 때문에 틀린 성경이 배교의 온상이 되는 것이다. 배교의 물결은 믿음을 근원부터 뽑아 황폐화시키는 것이다.

1881년 영어개역성경을 사용하면서부터 허드슨 테일러, 데이비드 리빙스톤을 낳은 선교의 종주국이었던 영국은 선교의 근원을 잃어버렸고, 해가 지지 않던 대영제국은 세계의 중심 세력에서 매년 밀려나고 있다. 지금 영국에는 다른 나라로부터 선교사들이 파송되고 있다.

종교개혁의 나라 독일은 어떤가? 1898년 네슬-알란드판을 선호하면서부터 합리주의의 철학 위에서 성경을 논함으로써 자유주의 신앙의 진원지가 되어 믿음을 지닌 사람을 찾아보기 힘들게 되었다. 그 결과로 나치의 히틀러는 유대인 말살을 획책했던 것이다.

성경이 틀려도 무방하다는 것은 바른 성경이 필요없는 사람들의 변명에 불과하다. 틀린 성경은 해묵은 전화번호부보다도 못하지만 바른 성경은 그리스도인들에게 없어서는 안되는 영적 양식인 것이다. 사람은 빵으로만 살지 않고 하나님의 입에서 나오는 모든 말씀으로 살기 때문이다. 성경을 훼손시키는 것에 대해 항거하다가 목숨을 잃은 사람들은 어떤 사람들이며 성경을 읽지 못하도록 그들을 박해하고 죽인 사람들은 또 어떤 사람들인가? 성경을 읽지 못하도록 박해했던 사람이 그들 식성에 맞춰 고쳐버린 성경을 들고 예수 그리스도를 제대로 섬길 수 있다고 말하지 말라. 그것이야말로 하나님을 모독하는 처사이다.

『이는 주께서 주의 말씀을 주의 모든 이름 위에 크게 하셨음이니이다』(시 138:2).

『이는 내가 이 책의 예언의 말씀들을 듣는 각 사람에게 증거함이니 누구든지 이것들에 더하면 하나님**께서 이 책에 기록된 재앙들을 그에**

게 더하실 것이요 또 누구든지 이 예언의 책의 말씀들에서 삭제하면 하나님**께서 생명의 책과 거룩한 도성과 이 책에 기록된 것들에서 그의 부분을 제하여 버리시리라**』(계 22:18,19).

이 경고가 무섭지 않은가?

24

앞다리와 뒷다리

레위기 7:32-34

<한글킹제임스성경>

『너희는 또 너희 화목제의 희생제물의 오른쪽 앞다리를 들어올리는 제물로 제사장에게 줄지니라. 아론의 아들들 중에서 화목제의 피와 기름을 드리는 자가 그 오른쪽 앞다리를 자기 몫으로 가질지니라. 내가 이스라엘 자손의 화목제 희생제물에서 흔드는 가슴과 들어올리는 앞다리를 취하여 이스라엘 자손 가운데서 받을 영원한 규례로 제사장 아론과 그의 아들들에게 주었느니라.』

<King James Version>

『And the right shoulder shall ye give unto the priest *for* an heave offering of the sacrifices of your peace offerings. He among the sons of Aaron, that offereth the blood of the peace offerings, and the fat, shall have the right shoulder for *his* part.

For the wave breast and the heave shoulder have I taken of the children of Israel from off the sacrifices of their peace offerings, and have given them unto Aaron the priest and unto his sons by a statute for ever from among the children of Israel.』

<개역한글판성경>

『또 너희는 그 화목제 희생의 우편 뒷다리를 제사장에게 주어 거제를 삼을지니 아론의 자손 중 화목제 희생의 피와 기름을 드리는 자가 그 우편 뒷다리를 자기의 소득으로 삼을 것이라. 내가 이스라엘 자손의 화목제 중에서 그 흔든 가슴과 든 뒷다리를 취하여 제사장 아론과 그 자손에게 주었나니 이는 이스라엘 자손에게 받을 영원한 소득이니라.』

<New International Version>

『You are to give the right thigh of your fellowship offerings to the priest as a contribution. The son of Aaron who offers the blood and the fat of the fellowship offering shall have the right thigh as his share. From the fellowship offerings of the Israelites, I have taken the breast that is waved and the thigh that is presented and have given them to Aaron the priest and his sons as their regular share from the Israelites.'"』

개역성경은 변개된 원문을 사용한 것은 차치하고라도, 근거 없는 첨가와 삭제, 일관성의 결여, 의미의 모호성 등 그

열악함은 이루 말할 수 없다. 그 중 레위기 7:32-34은 제사장들이 철저히 따라야 하는 규례들인데도 불구하고 잘못 번역함으로써 그 규례를 틀리게 만들어 놓았다.

위 구절에서 〈한글킹제임스성경〉이 "앞다리"로 번역한 영어는 "shoulder"이다. 다음은 영어 "shoulder"로 번역된 다양한 히브리어 단어들인데, 오른쪽에는 그 단어의 직접적인 뜻을 적었다(Young's concordance).

① 제로아(Zeroa) : "팔" (민 6:19, 신 18:3)

② 카테프(Katheph) : "어깨" (출 28:12, 민 7:9)

③ 쇼쿠(Shoq) : "앞다리" (출 29:22, 민 18:18)

④ 세켐(Shekem) : "어깨" (창 9:23, 출 12:34)

⑤ 시크마(Shikmah) : "어깨" (욥 31:32)

이 단어들이 사람에게 쓰였으면 "어깨"나 "팔"이 되었겠지만, 같은 단어가 짐승한테 쓰였을 때는 "앞다리"나 "어깨"가 될 수밖에 없다. 그러므로 레위기 7장 본문에 나오는 희생제물의 경우 "shoulder"는 "앞다리"로 불리는 것이 당연하다.

한편 앞다리로 번역한 "shoulder"와 뒷다리로 번역한 "thigh"는 근본적으로 다르다. 굳이 히브리 어원까지 찾을 필요도 없다. 영어 사전을 찾을 수 있는 실력이면 "shoulder"와 "thigh"를 구별할 줄 모르는 사람은 없기 때문이다. 단 날짐승의 경우는 앞다리, 뒷다리가 없기 때문에 "가슴"(breast)과 "다리"(thigh)로 번역된다.

성경에서 어떤 단어가 왜 사용됐는지를 이해하기 위해서는 번역의 과정에 대한 이해가 필요하다. 원천 언어(히브리어, 헬라어)로부터 하나의 수용 언어, 즉 라틴어나 영어, 독어, 불어 등으로 번역되고, 거기에서 다시 다른 수용 언어로 번역되는 과정을 거친 것이 바로 〈한글킹제임스성경〉이다.

본문에서 왜 그 단어가 사용됐는지 알기 위해서 한글과 영어를 피상적으로 일대일로 대조하는 것만으로는 부족하다. 그런 대조만으로 번역의 정오를 논한다는 것은 무모한 시도요, 시간 낭비다. 물론 많은 경우에 수용 언어인 한글 자체만으로 분명한 의미를 찾을 수 있으나, 어떤 경우에는 영어뿐만 아니라 원천 언어인 헬라어나 히브리어를 참조해야 왜 그 단어가 쓰였는지 분명히 이해할 수 있는 것이 있다. 레위기 7장도 그런 경우라고 할 수 있다.

가끔 〈한글킹제임스성경〉을 대상으로 시비를 논하는 사람들이 있다. 그러나 어원을 거슬러 올라가면 문제는 간단히 해결된다. "shoulder"가 우리말로 "어깨"를 뜻한다고 해서 획일적으로 "어깨"로만 번역하면 엉뚱한 번역이 된다. 이럴 경우에는 원천 언어를 참조하면 바른 결론을 얻게 되는 것이다.

개역성경은 같은 단어("쇼쿠" - "앞다리")를 "넓적다리"와 "뒷다리" 두 가지로 번역해 놓았다. 이는 개역성경이 엉뚱하게 번역했을 뿐 아니라 번역에 일관성도 기하지 못한 사실을 보여 주는 또 하나의 단면이다.

출애굽기 29:22 - 넓적다리, 출애굽기 29:27 - 넓적다리,

레위기 7:32,33,34 - 뒷다리, 레위기 8:25,26 - 뒷다리,

레위기 9:21 - 뒷다리, 레위기 10:14,15 - 뒷다리,

민수기 18:18 - 넓적다리

개역성경은 앞다리를 뒷다리로 오역한 것도 모자라서 같은 단어도 다르게 번역하고 있다. 위에서 제시한 레위기 7장의 본문은 레위의 아들들이 어떤 부분을 가져야 되는지를 정하는 부분이다. 따라서 개역성경에 따른다면 레위의 아들들은 엉뚱한 부분을 자신들 몫으로 취하게 되는 것이다.

자신의 무지를 변명하는 자들, 학자인 체하면서 성경에 관해 아무것도 모르는 자들, 틀린 성경으로 거짓되이 가르치고 설교하는 목사들, 다른 사람이 가르쳐 주는 대로 분별없이 수용하는 신학생들은 모두 참회해야 한다. 그리스도인들에게 성경은 교과서인데, 틀린 교과서를 갖고 있다면 시험에서 낙방할 것이 당연하지 않은가?

성경을 시비를 위한 대상으로만 삼는 데 그쳐서는 안될 것이다. 성경에 관한 시비, 아니 관심은 어디까지나 바른 성경을 갖자는 데 그 목적이 있어야 하기 때문이다. 하나님께서 기록하신 말씀은 인간들의 시비에 따라 달라지는 것이 아니다. 왜냐하면 주의 말씀은 영원히 하늘에 세워졌기 때문이다(시 119:89).

믿음도 없으면서 잡다한 잡음만 내는 자들은 사탄의 편에 서서 평생 동안 성경에 관한 잡음만 내게 되어 있다. 그들을 주의하라!

25

아직 아이를 출산하지 않은 사라

히브리서 11:11

<한글킹제임스성경>

『사라 자신도 수태할 나이가 지났지만 믿음으로 씨를 잉태하는 힘을 받아 아이를 출산하였으니, 이는 약속하신 분이 신실하신 줄로 여김이라.』

<King James Version>

『Through faith also Sara herself received strength to conceive seed, and was delivered of a child when she was past age, because she judged him faithful who had promised.』

<개역한글판성경>

『믿음으로 사라 자신도 나이 늙어 단산하였으나 잉태하는 힘을 얻었으니 이는 약속하신 이를 미쁘신줄 앎이라.』

<New International Version>

『By faith Abraham, even though he was past age-and Sarah herself was barren-was enabled to become a father because he considered him faithful who had made the promise.』

<개역한글판성경>에 의하면 사라는 아이만 잉태했지 아직 아이를 낳지 않은 것으로 보인다. 왜냐하면 "아이를 출산하였으니"가 삭제되어 있기 때문이다.

하나님께서 하셨던 일 가운데는 너무 엄청나서 믿기 어려운 일도 많고, 너무 신비로워서 인간의 지성과 이성으로는 해결되지 않는 일도 많다. 그래서 성경에서는 신비(mystery)라는 용어를 쓰고 있다.

천국의 신비들(마 13:11), 하나님의 신비들(고전 4:1), 신비의 계시(롬 16:25), 그리스도와 교회의 관계(엡 5:32), 신비의 교제(엡 3:9), 복음의 신비(엡 6:19), 그리스도의 신비(골 4:3), 하나님이 인간이 되신 신비(딤전 3:16), 적그리스도의 신비(살후 2:7), 큰 바빌론의 신비(계 17:5) 등등.

하나님께서 사라에게 한 아들을 주어 민족들의 어미가 되게 해 주시겠다고 아브라함에게 처음 말씀하셨을 때 아브라함도 웃었다. 그리고 100세가 된 자신과 90세가 된 사라에게 이 일이 가능할 수 있겠느냐고 반문했을 때(창 17:17,18) 하나님께서는 이렇게 말씀하셨다. 『**네 아내 사라가 참으로 네게 한 아들을 낳을 것이라.**』 그리고 그 아들의 이름까지 이삭이라고 지어 주셨고, 하나님께서는 그 씨에게 하나님의 언약을 세우실 것이며, 그 언약은 불변하는 영원한 언약이 되리라고 하셨다(창 17:19).

그후 주님께서 사람의 모습으로 아브라함 앞에 나타나시어 같은 말씀을 하셨을 때 이 말씀을 들은 사라 역시 속으로 웃었다. 90세 먹은 할머니, 경도도 끝난 여인에게 아들이라니... 그때 주님께서는 『**주께 너무 어려워서 못 할 일이 있겠느냐?**』고 말씀하셨다. 그리고 다시 한 번 그 일이 반드시 이루어질 것임을 아브라함에게 확인시켜 주셨다. 『**생명의 때를 따라 내가 정해진 기간에 네게 돌아오리니 사라가 아들을 가지리라**』(창 18:14). 이 일은 곧 이루어져서 사라는 임신하여 늙은 나이에 이삭을 낳았다(창 21:2).

〈개역한글판성경〉에 따르면 사라는 90세의 나이에 임신만 가능했으리라는 것이다. 90세에 제왕절개의 방법도 아닌 자궁을 열어 아이를 낳는다는 것이 불가능한 것이 되어 버렸다. 기록된 말씀을 믿지 못하고 인간의 지성과 상상력을 동원하여 우를 범한 것이다. 사라는 이삭을 낳아 모유로 길렀으며, 이삭이 젖을 떼던 날에 아브라함은 큰 잔치를 마련했던 점도 간과해서는 안된다. NIV는 심지어 사라의 믿음까지도 부인해 버렸다.

주께는 너무 어려워서 못하실 일이 없다. 우리의 이성과 지성으로 이해하기 어려운 일이 어디 이 일뿐이겠는가? 그러므로 하나님의 말씀을 아는 데는 믿음이 필요하다. 기록된 말씀을 믿을 수 없다면 진화론자나 인본주의자가 되는 것이다. 진화론과 인본주의 이론은 성경을 무시하고 하나님의 존재를 인정하지 않는 자들이 인간의 생각으로 꾸며 놓은 이야기들이다. 그런데 그런 가설을 공립학교에서 가르치고 있다.

그들은 교육이라는 이름으로 "하나님은 없다."고 가르치고 있다. 하나님이 없다는 교육을 받은 사람들이 교육을 말하고 정치를 말하며 경제를 말하고 있는 것이 이 시대, 이 사회의 현실이다.

믿음이 없으면 이해할 수도 수용할 수도 없는 것이 하나님의 말씀이다. 그렇기 때문에 믿음이 없으면 하나님을 기쁘시게 할 수 없는 것이다(히 11:6). 90세 된 할머니가 아이를 낳을 수 있다는 것을 믿지 못하는 사람이 하나님께서 육신으로 태어나셨다는 것을 믿을 수 있겠는가? 예수 그리스도를 믿는 사람 안에 그리스도가 거하신다는 사실을 어찌 믿을 수 있겠는가? 예수 그리스도는 믿는 사람의 신랑이시다. 믿는 사람이 남자이든 여자이든 상관없이 신부인 것이다. 그리스도는 신랑이요, 교회는 신부인 것이다. 이것을 그들이 믿을 수 있겠는가?

이스라엘을 축복하는 나라는 복을 받고 저주하는 나라는 저주를 받는다. 이스라엘은 하나님이 정하신 시기에 회복된다. 이스라엘이 회복된다는 것은 곧 팔레스타인 땅으로 돌아온다는 말이다. 유대인이 팔레스타인 땅에 복귀하여 독립국가가 된 1948년 5월 14일 이후에 태어난 사람은 예수 그리스도의 재림을 맞게 된다. 이 사실을 믿을 수 있겠는가?

계시록에서는 성도들의 피와 예수의 순교자들의 피에 취한 여자를 가리켜 『**신비라, 큰 바빌론이라, 땅의 창녀들과 가증한 것들의 어미라.**』고 말한다. 그 여자가 누구 같은가? 로마제국 같은가, 로마 카톨릭 같은가? 불법의 신비는 적그리스도의 신비이다. 『**그 악한자가 오는 것은 사탄의 역사에 따라 모든 능력과 표적들과 거짓 이적들과, 멸망하는**

자들 안에 있는 모든 불의의 속임수로 오는 것이니, 이는 그들이 진리의 사랑을 받아들이지 아니하여 구원을 받지 못하였기 때문이라』(살후 2:9,10). 이 때는 배교가 만연해 있을 때이다. 당신의 주위에 성경적 믿음을 지닌 사람들이 몇 명이나 되는가 보라.

그리스도인들이 영광스러운 그리스도의 몸으로 변형되는 것, 그것도 눈깜짝할 순간에 그렇게 된다는 것을 믿을 수 있겠는가(고전 15:51-54)? 사람이 죽지 않고 영원히 살 수 있다는 것을 믿을 수 있겠는가? 당신은 예수 그리스도께서 당신의 죄를 위하여 죽으셨다는 사실을 들어 본 적이 있는가? 그 사실을 듣고 예수 그리스도께서 당신의 구주이심을 믿고 그분을 영접하면, 성령께서 당신 안에 내주하신다. 그때 당신의 죽었던 영은 다시 살아나게 되며, 하나님의 영원한 생명을 지니게 된다.

사라가 90세에 아이를 잉태만 하고 낳았다는 기록을 삭제시킨 성경을 당신은 지금도 신뢰하는가?

26

알렉산드리아 사본의 허구

여호수아 5:2,3

<한글킹제임스성경>

『그때에 주께서 여호수아에게 말씀하시기를 "너는 예리한 칼들을 만들어 이스라엘 자손에게 다시 두 번째로 할례를 행하라." 하시니, 여호수아가 예리한 칼들을 만들어 포피의 산에서 이스라엘 자손들에게 할례를 행하니라.』

<King James Version>

『At that time the LORD said unto Joshua, Make thee sharp knives, and circumcise again the children of Israel the second time. And Joshua made him sharp knives, and circumcised the children of Israel at the hill of the foreskins.』

<개역한글판성경>

『그 때에 여호와께서 여호수아에게 이르시되 너는 부싯돌로 칼을 만들어 이스라엘 자손들에게 다시 할례를 행하라 하시매 여호수아가 부싯돌로 칼을 만들어 할례산에서 이스라엘 자손들에게 할례를 행하니라.』

<New International Version>

『At that time the LORD said to Joshua, "Make flint knives and circumcise the Israelites again." So Joshua made flint knives and circumcised the Israelites at Gibeath Haaraloth.』

<개역한글판성경>은 이 부분에서 삭제와 변개를 모두 보이고 있다. 2절에서 "두 번째로"가 삭제되었고, "포피의 산"에 관한 부분이 변개되었다.

필사본 증거들(Manuscript Evidences)은 거짓말하려는 학자들의 입을 막아 버리는 역할을 한다. 법정에서 진실 여부를 증명하려면 증거가 필요하듯이 성경에서도 엉터리 학자들이 주장하는 거짓된 주장들을 뒤엎으려면 증거들이 필요하다. 그러나 알렉산드리아 계열의 사본을 들고 나온 사람들은 이 증거를 제시하는 데 극히 미흡하다. 이는 자기들의 거짓 주장을 뒷받침해 줄 만한 증거가 턱없이 부족하기 때문이다.

히브리 맛소라 원문과 헬라어 표준원문이 보존된 원문임을 증명할 수 있는 책은 300권 이상이나 된다. 그러나 알렉산드리아 원문을 증명할 수 있는 책은 통틀어 10권도 채 안된다. 이것은 무엇을 말하는가? 그만큼 증거의 자료들이 없으므로 그 자료들은 신뢰성이 없다는 말이다.

전통원문(맛소라 + 표준원문)을 다룬 사람들은 알렉산드리아 원문을 지지하는 사람들을 공박하기 위해서 책을 썼으며, 또 하나님께서 섭리로 보존하신 바른 성경을 제시하기 위해서 책을 썼으나, 후자들은 웨스트코트와 홀트의 주장과 이론들을 그대로 답습해서 오래 된 원문이 더 정확하고, 짧은 구절이 더 정확하다는 등 비논리적인 거짓 주장들을 펴고 있는 정도이다.

알렉산드리아 계열을 옹호하는 티쉔돌프, 웨스트코트, 홀트, 벵겔, 네슬, 알란드, 커스터, 프라이스, 섬너 등은 하나님의 바른 말씀을 거절함으로써 영적으로 눈멀었기 때문에 무엇이 왜 틀렸는지를 알 수 없게 된 것이다. 소경이 못 보는 것은 당연한데도 그들이 본다고 함으로써 오류를 범하게 되는 것이다.

본문 5:2에서 "두 번째"를 삭제시켰다. 이들은 "다시"(again)가 두 번째(second time)까지를 포함시킨다고 생각했을는지 모른다. 그러나 "다시"(shub)는 어디까지나 다시요, 두 번째(sheni)는 엄연히 다른 또 하나의 어휘인 것이다.

또 한 가지 커다란 실수는 "포피의 산"(the hill of the foreskins / ORLAH)을 할례의 산으로 바꾼 것이다. 실제로 히브리어 "ORLAH"는 할례를 안 받은 것을 의미하는데, 개역성경은 이미 할례받은 것으로 여겨 할례의 산이라 했다.

그렇다면 개역성경의 저본인 NIV는 어떻게 했는가? NIV는 거기에다 한 술 더 떠서 "기브앗 하아라롯"(Gibeath Haaraloth)이라는 지명으로 바꾸어 버렸다. 이런 오류를 ASV, RSV, NASV 등도 모두 똑같이 범하고 있는 것이다.

우리는 필사본 증거를 공부하면서 두 가지 분명한 원칙을 선언한다. 이것은 〈킹제임스성경〉과 〈루터성경〉 등 히브리 맛소라 원문과 헬라어 표준원문을 저본으로 쓴 성경들은 최초의 원문에서 절대로 벗어나지 않았음을 증명하는 원칙이다.

첫째, 〈킹제임스성경〉은 히브리 맛소라 원문과 정확히 일치한다는 점이다.

둘째, 〈킹제임스성경〉에는 외경이 들어 있지 않다는 사실이다.

쉽게 말하자면 〈개역한글판성경〉의 본문은 히브리 맛소라 원문과 일치하지 않는다는 것이며, 〈개역한글판성경〉이 좋은 성경이라면 거기에는 그 성경의 저본인 바티칸 사본에 들어있던 외경 또한 들어 있어야만 한다는 것이다. NIV 성경을 선호하고 〈개역한글판성경〉을 좋다고 가르치는 사람은 모두가 정신이 이상한 사람들이다. 그들은 이미 탄로난 일들을 가지고 사람들에게 거짓말로 가르치고 있는 것이다. 누가 외경을 성경에 집어넣었는지 아는가? 로마 카톨릭 교황들이었다. 그렇다면 그들이 선호한 성경이란 카톨릭 성경을 두고 하는 말이 아닌가? 누가 누구를 속이려 하는지 너무나 뻔하다. 속은 사람만 바보인 것이다. 성경 본문에 관한 시비는 옳은 성경을 쓴 사람들에 의해서 나온 것이 아니라, 틀린 것을 쓰는 사람들에게서 나온 것임을 알아야 한다.

〈개역한글판성경〉이 옳은 성경이라고 말하는 사람은 모두가 거짓 말쟁이요, 거짓 교사들인 것이다(벧후 2:1,2).

27

주와 여호와

이사야 26:4

<한글킹제임스성경>

『너희는 주를 영원히 의뢰하라. 이는 주 여호와 안에 영원한 힘이 있음이라.』

<King James Version>

『Trust ye in the LORD for ever: for in the LORD JEHOVAH *is* everlasting strength.』

<개역한글판성경>

『너희는 여호와를 영원히 의뢰하라 주 여호와는 영원한 반석이심이로다』

<New International Version>

『Trust in the LORD forever, for the LORD, the LORD, is the Rock eternal.』

<New American Standard Version>

『Trust in the LORD forever, For in God the LORD, we have an everlasting Rock.』

구약에는 "여호와"란 단어가 네 번 나온다. 출애굽기 6:3, 시편 83:18, 이사야 12:2과 본문에 인용된 이사야 26:4이다. 이 외에도 다른 단어와 합성해서 쓰인 경우가 세 번 있는데 창세기 22:14(이레), 출애굽기 17:15(닛시), 재판관기 6:24(샬롬)이다.

1994년 4월 12일 〈한글킹제임스성경〉이 처음 출간되었을 때 개역성경에 익숙해진 몇몇 독자들에게서 문의를 받았던 것을 기억한다. 왜 〈한글킹제임스성경〉에는 여호와란 단어가 없느냐는 것이었다. 그에 대해서는 원문대로 번역했다는 것이 우리의 대답으로, "여호와"란 단어가 쓰인 위의 네 군데와 다른 단어와 합성해서 쓰인 경우 세 군데를 보여 주었다.

여호와라는 단어가 주(LORD)로 표현된 데는 몇 가지 이유가 있다.

첫째, "주"라는 단어는 "여호와"에 대한 올바른 번역이다. "주" 대신 "여호와"를 쓰면 그것은 음역한 것이지 번역한 것이 아니다. 예를 들면 창세기 6:4에서 "giants"는 "거인들"이 맞는데, 개역성경에는

"네피림"이라고 되어 있다. "hell"은 "지옥"으로 번역해야 하는데도 개역성경에는 "음부"라고 되어 있다. 음부, 즉 지하 세계를 말하는 경우는 누가복음 16:23이나 해당되는 것이다. NIV와 NASV 등은 지옥을 *"하데스"*(hades)로 음역하고 있다.

둘째, 유대인들은 하나님을 "주"라고 불렀다. 영문 "Lord"와 "God"는 각각 *"아도나이"*와 *"엘로힘"*으로 "주"와 "하나님"이라는 단어지만, 영어에서 전체를 대문자로 쓴 "LORD"와 "GOD"는 "여호와"라는 의미로서, 우리말로는 "**주**", "**하나님**"이다(〈한글킹제임스성경〉은 이를 본문체와 구분하여 고딕으로 표시하였다). 영어 성경 중에서는 영어 〈킹제임스성경〉만이 이 점을 분명하게 표기하였다.

유대인들이 여호와 하나님을 "주"라고 불렀기에 하나님께서는 출애굽기 6:3에서 『**내가 아브라함과 이삭과 야곱에게** 전능한 하나님**의 이름으로 나타났으나** 여호와**라는 나의 이름으로는 그들에게 알리지 아니하였느니라.**』고 하셨다.

물론 유대인들은 하나님의 이름이 여호와라는 것을 알고 있었지만, 너무나 거룩한 성호이기에 함부로 부를 수가 없어 "יהוה"라고 자음으로 기록하였다. 그래서 하나님의 이름을 부를 수 있도록 "Lord", 즉 *"아도나이"*란 이름으로 읽게 하였던 것이다.

셋째, 예수님께서도 여호와란 단어를 "주"라고 읽으셨다. 『예수**께서 그들에게 말씀하시기를 "너희는 성경에서 '건축자들이 버린 돌이 모퉁이의 머릿돌이 되었도다. 이는** 주께서 **하신 일이라. 우리 눈에 기이하도다.' 하신 말씀을 읽어 보지 못하였느냐?**』 이 말씀은 예수님께서 시편 118:22,23을 마태복음 21:42에서 인용하신 것이다.

〈한글킹제임스성경〉의 "**주**"(LORD)와 "**하나님**"(GOD)은 모두 여호와를 뜻한다.

그렇다면 개역성경은 왜 이사야 26:4에서 LORD를 두 번 다 여호와로 번역했는가? NIV와 NASV가 다른 해석을 한 이유는 무엇인가? 개역성경은 오류를 범한 것이다. 그 이유는 한글 번역본이 영어 저본인 ASV, RSV보다 앞서 나갈 수는 없기 때문인 것이다.

뿐만 아니라 개역성경은 『**이는 <u>주 여호와</u> 안에 영원한 힘이 있음이라.**』를 "주 여호와는 영원한 반석"이라고 번역했다.

"strength"로 번역된 "출"(צוּר)이라는 히브리어에는 무려 41가지의 의미가 있는데, 이 단어는 견고한 힘을 의미한다(시 18:2; 19:4; 73:26; 144:1 등). 이 힘을 "반석"이라고 번역한 것은 순전히 ASV와 NIV 등이 범해 놓은 오류를 개역성경이 분별 없이 답습한 미숙함의 발로일 뿐이다. 상식적으로도 "strength"를 "반석"으로 번역한 것은 좀처럼 설명될 수 없는 일이다. 히브리어 성구사전, 헬라어 성구사전, 영한사전 그 어디를 펴 보아도 "rock"이라는 답을 얻기는 어렵다.

"LORD"를 모두 여호와라고 번역해 버린 개역성경은 여호와의 증인들의 의견과 일치한다. "LORD"를 여호와라고 부르는 것은 여호와의 증인들뿐이기 때문이다. 그리스도인은 그리스도의 증인이지 여호와의 증인이 아니다. 유대인들이라면 자신들을 여호와의 증인이라고 부를 법도 하지만, 그들조차도 여호와의 증인이라는 말을 쓰지 않는다. 유대인들이 여호와란 이름을 함부로 부르지 않는 것은 하나님의 성호가 그만큼 거룩한 성호이기 때문이다.

한편 그의 거룩한 성호보다 더 큰 이름이 있다. 그것은 바로 하나님의 말씀이다.

『**내가 주의 거룩한 전을 향하여 경배하고 주의 자애하심과 주의 진리를 인하여 주의 이름을 찬양하리니 이는 주께서 주의 말씀을 주의 모든 이름 위에 크게 하셨음이니이다**』(시 138:2).

28

창조주와 조물주

로마서 1:24,25

<한글킹제임스성경>

『그러므로 하나님께서도 그들을 자기들의 마음의 정욕에 따른 더러움에 내버려 두시어 그들의 몸을 서로 욕되게 하도록 하셨으니 이는 그들이 하나님의 진리를 거짓말로 바꾸어 피조물을 창조주보다 더 경배하고 섬겼음이라. 하나님은 영원토록 찬양받으실 분이로다. 아멘.』

<King James Version>

『Wherefore God also gave them up to uncleanness through the lusts of their own hearts, to dishonour their own bodies between themselves: Who changed the truth of God into a lie, and worshipped and served the creature more than the Creator, who is blessed for ever. Amen.』

<개역한글판성경>

『그러므로 하나님께서 저희를 마음의 정욕대로 더러움에 내어 버려두사 저희 몸을 서로 욕되게 하셨으니 이는 저희가 하나님의 진리를 거짓 것으로 바꾸어 피조물을 조물주보다 더 경배하고 섬김이라 주는 곧 영원히 찬송할 이시로다 아멘.』

<New International Version>

『Therefore God gave them over in the sinful desires of their hearts to sexual impurity for the degrading of their bodies with one another. They exchanged the truth of God for a lie, and worshiped and served created things rather than the Creator – who is forever praised. Amen.』

<개역한글판성경〉의 번역에 참여했던 사람들이 대단히 무지했다는 것은 여러 곳에서 드러난다. 그들은 거듭나지 못한 사람들일 수도 있다. 하긴 중국 성경을 가져다가 당시 우리말로만 고쳤기 때문에 "가라사대"를 위시하여 궤휼, 긍휼, 궤계, 범사, 곤고, 궤사, 방백, 무론대소, 총담 등 수많은 중국 어휘들을 그대로 남겨놓았기에, 우리의 정서와 문화와 언어와는 전혀 동떨어졌는데도 그런 어휘들이 성경용어화 되어 쓰여져 오고 있다는 것은 대단히 수치스러운 일이다. 그럼에도 불구하고 성경이라는 특수성 때문에 소위 기독교 지도자라는 사람들은 생각은 간절하면서도 손을 대지 못한 채 그대로 수십 년을 끌고 온 것이다.

그 중에서도 본문에 나와 있는 대로 "창조주"와 "조물주"를 구분하지 못한 점을 지적하지 않을 수 없다. 개역성경은 이사야 14:12에서 사탄인 "루시퍼"를 예수 그리스도를 칭하는 "계명성"(새벽별)으로 바꾸어 버렸다. 그것과 같은 맥락으로 개역성경은 창조주와 조물주를 구분하지 못한다.

성경을 믿지 않는 무신론자들은 창조주 하나님의 존재는 인정하지 않으면서도 이 우주를 창조한 최고의 지성과 지혜를 가진 존재로서 조물주(demiurge)는 인정한다. 플라톤 같은 철학자들도 창조주 하나님은 믿지 않으면서도 우주를 형성했던 절대자는 있다고 인정한다. 그것이 타락한 인간의 성품이다. 철학(philosophy)이란 인생의 원리가 무엇인지 찾아내는 것이며, 진리가 무엇인지를 찾아내는 학문이라 한다. 따라서 철학자라면 다음과 같은 질문에 답할 수 있어야 한다. 우주 만물은 누가 만들어 냈고, 그 운행은 어떤 힘과 지혜로 이루어지며, 생물의 먹이사슬은 어떻게 형성되어 있는 것인가? 또 그것을 주관하시는 분이 계시는 것인가 아니면 그저 그들 멋대로 진행되는 것인가? 세계 도처에서 일어나는 전쟁은 무단히 일어나는 것이며, 사람들은 하나님의 징계와 심판이 아니라도 그저 파리 목숨처럼 죽어가는 것인가? 지진과 자연에서 오는 재앙은 자연발생적인가? 왜 이 같은 재앙들은 이교도 국가들과 동성연애 하는 도시들과 모슬렘 국가들에서만 주로 발생하는가? 왜 사우디 아라비아 메디나에서는 매년 하지 때마다 사고가 발생해서 많은 희생자를 내는가?

진리를 제쳐 놓고 무슨 철학을 공부하는가? 신을 인식하면서도 믿지 않는 자들에게 조물주의 존재는 무엇인가? 조물주는 막연한 신일 뿐이다. 그들 자신도 알지 못하는 막연한 신일 뿐이다. 어떤 사람이 하나님의 존재와 하시는 일을 알려면 성령으로 거듭나야만 한다. 거듭나지 못한 채 종교심으로 아는 신이 곧 조물주인 것이다. 이교도들이 숭앙하는 신은 창조주가 아니라 조물주인 것이다.

개역성경대로 "이는 저희가 하나님의 진리를 거짓 것으로 바꾸어 피조물을 조물주보다 더 경배하고 섬김이라."(롬 1:25)고 했다면, 이 성경으로 당신은 어떻게 복음을 전할 수 있다고 생각하는가?

1. 개역성경을 쓰는 당신의 목사는 조물주를 경배해야 된다고 가르치고 있다.
2. 개역성경을 쓰는 당신의 목사는 이런 성경도 영감받았다고 거짓말하며, 절대무오하다고 거짓말하고 있다.
3. 개역성경을 쓰는 당신의 목사는 이런 성경으로도 복음을 전하는데 부족하지 않다고 변명하고 있다.
4. 당신의 목사는 개역성경은 우리 조상 때부터 써 온 성경이라고 자랑하고 있다.

당신도 조물주를 섬기는가? 예수 그리스도가 창조주 하나님의 아들인가, 조물주의 아들인가? 당신은 조물주의 구원 계획에 따라 구원받았는가? 당신은 조물주를 사랑하는가? 당신은 조물주의 명령에 순종하는가? 당신의 성경은 창조주이시요, 구속주이신 분의 성령께서 기록하신 하나님의 말씀이 아니고 조물주의 영이 기록한 조물주의 말씀인가? 그런 "성경"이 말하는 것에 견고한 신뢰를 둘 수 있으며, 그것이 당신의 피난처가 될 수 있는가?

창조주를 조물주라고 변개시킨 주체가 누구이며, 변개된 성경으로 복음을 전하는 데 별 문제 없다고 주장한 사람들은 누구인가? 마귀인 것이다. 하나님의 말씀을 변질시킨 자들은 마귀와 그의 자녀들뿐이다.

하나님의 말씀은 불 같고 바위를 부수어 조각 내는 큰 망치 같다(렘 23:29). 하나님의 말씀은 살아 있고 활력이 있어 양날 있는 어떤 칼보다도 예리하여 혼과 영을 가르고 관절과 골수를 찔러 가르며 심지어 마음의 생각과 의도들을 판별해 낸다(히 4:12). 이렇게 위대한 말씀이기에 마귀는 말씀을 무력화시키기 위해 수단과 방법을 가리지 않으며 그 중에서도 유사 성경을 만들어 결정적인 교리들을 바꾸어 힘없게 만드는 것이다. 당신은 이런 사실을 알고 있는가?

성경 변개는 이미 A.D. 60년경부터 시작되었다. 사도 바울은 일찍이 고린도 교인들에게 성경이 변개된 사실을 알려 주었다. 『**우리는** 하나님**의 말씀을 변개시킴으로써** *이익을 취하는* **여러 사람들과 같지 않고...**』(고후 2:17).

변개된 성경의 존재 가치는 무엇인가? 사탄의 도구 이외는 아무것도 아니다. 왜냐하면 성경이 틀려 있으면 믿을 수가 없으며, 믿는다 해도 잘못 믿게 되기 때문이다. 누가 변개된 성경을 확산시키는가? 마귀의 자녀들이다. 마지막 때에는 믿음에서 떠난 자들이 미혹하는 영(악령)과 마귀들의 교리를 따른다고 하셨다(딤전 4:1). 이들은 양심에

화인을 맞아 가책을 받지도 않는다.

창조주 하나님을 조물주라고 기록된 성경을 가지고 교회라는 곳에서 설교하며 성경을 가르친다고 하는 자들의 위선을 경계해야 한다. 자기도 믿을 수 없는 성경을 믿으라고 한들 다른 교인들이 믿겠는가? 소경이 소경을 인도하면 둘 다 구덩이에 빠지게 된다. 하나님께서는 자기의 성경이 옳건 그르건 흥미 없는 자들 따위는 그분의 사역자로 부르시지도 쓰시지도 않는다.

29

돈을 거둬들이기 위한 수단으로 쓰이는 가짜 성경

시편 50:23

<한글킹제임스성경>

『**누구든지 찬양을 드리는 자는 나를 영화롭게 하나니 그 행위를 바르게 하는 자에게 내가** 하나님의 **구원을 보이리라.**』

<King James Version>

『Whoso offereth praise glorifieth me: and to him that ordereth his conversation aright will I shew the salvation of God.』

<개역한글판성경>

『감사로 제사를 드리는 자가 나를 영화롭게 하나니 그 행위를 옳게 하는 자에게 내가 하나님의 구원을 보이리라』

<New International Version>

『He who sacrifices thank offerings honors me, and he prepares the way so that I may show him the salvation of God.』

개역성경은 원문, 즉 『**누구든지 찬양을 드리는 자는 나를 영화롭게 하나니...**』를 "감사로 제사를 드리는 자가 나를 영화롭게 하나니"로 변개하여 원래의 의미를 완전히 왜곡시켜 놓았다. 순진한(?) 사람들이 무엇을 알겠는가? 감사로 제사를 드리는 자가 하나님을 영화롭게 한다고 했으니 그렇게 알 수밖에 없지 않겠는가?

찬양(praise)을 드린다는 말이 어떻게 해서 "감사로 제사를 드리는"(sacrifice of thanksgiving)으로 바뀌어졌을까?

신약성경이 완성된 후 100여 년이 지난 뒤에 누군가가 히브리서 13:15에서 이 부분을 뽑아다가 시편에 집어 넣은 것이다. 누가 그런 짓을 했는가? 오리겐과 그 일당들이다. 하나님의 권위를 찬탈하고 파괴시키는 것이 사탄이 하는 일인 줄 모르겠는가? 이런 성경을 쓰고 있으면서 근본주의자라고 하는 자들, 성서침례교회 장두만 목사와 성서침례교회 목사들을 보라. 이들은 하나님의 말씀에 전혀 책임을 느끼지 않으면서도 하나님의 말씀을 가르치는 위치에 서서 생계를 유지하는 삯꾼들인 것이다. 예수님의 초림 때에도 이런 우상 목자들(슥 11:17)이 목자 행세를 하여 많은 사람들이 천국에 들어가지 못하도록 문을 가로막는 짓을 했었다. 이제 주님의 재림이 임박한 이 때에도 그들은 역시 판을 치고 있는 것이다.

이 시대를 겨냥한 주님의 말씀은 정확하다. 『**그러나 백성 가운데도**

거짓 선지자들이 있었던 것처럼 너희 가운데도 거짓 교사들이 있으리라. 그들은 저주받을 이단들을 비밀리에 불러들여서 자기들을 사신 주를 부인하기까지 하며, 급격한 파멸을 스스로 불러들이느니라』(벧후 2:1).

"찬양을 드리는 자"를 "감사로 제사를 드리는 자"로 성경을 바꿔서 어떻게 되었는가? 이 가짜 삯꾼들이 이 가짜 성경 구절을 돈을 거둬들이는 근거로 사용하고 있는 것이다.

일전에 미국에 사는 나이 많은 어떤 자매가 우리 교회를 방문했다가 놓고 간 "대한예수교장로회 평안교회"의 헌금 봉투를 보고 어안이 벙벙했다. 그 봉투에는 개역성경의 이 성경 구절을 써 놓고, "감사로 제사를 드릴" 헌금의 종류를 써 놨는데, 그것은 다음과 같다.

생일, 돌, 수연, 약혼, 결혼, 취직, 개업, 입주, 이사, 순산, 입학, 졸업, 영전, 퇴원, 건강, 범사, 보호, 평강, 은혜, 제대, 세례, 성찬, 유학, 장학, 심방, 추도, 첫주, 무사, 믿음, 전도 등 무려 30가지나 되었으며, 그것도 모자라 옆에 '기타 사유'란까지 만들어 놓았다. 그 봉투 밑에는 "감사한 일 주신 주님께 나의 뜨거운 감사를 드리옵니다."라고 쓰여 있었다(나는 뜨거운 감자인가 했더니 뜨거운 감사였다).

성경을 고치는 것은 사탄의 작업이다. 고쳐 놓은 성경을 사용하는 것도 사탄의 자녀들의 몫이다. 성경이 틀리면 왜 안되는지에 대해 관심이 없는 자들도 사탄의 자녀들이기에 그토록 무관심한 것이다. 틀린 성경을 두둔하고 나서는 소위 학자, 목사들도 사탄의 편에 선 자들이다.

이들은 자기들의 행위를 고치려고 하지는 않고 그것을 지적하는 사람들에게 덤벼들고 있다. 가짜 성경을 옹호하는 자들은 하나님의 권위를 대적하는 자들이다. 성경은 하나님의 권위이다. 그런데 어떤 사람이 하나님의 권위가 틀렸다고 의문을 제기하면, 성경과 그 사람 사이를 중재할 또 다른 권위가 있어야만 하는데, 도대체 그가 누구란 말인가? 대개 공부했다는 인간들이 그 자리를 차지하는 것이다. 때로는 교황이 그 권좌에 앉고, 때로는 학자라는 자가 앉으며, 때로는 성서공회라는 자가 몰래 앉기도 한다.

성경이 하나님이실진대(요 1:1, 계 19:12,13), 사람이 성경을 판단하면 어떻게 되겠는가? 이것이 말이나 되는 소리인가? 그런데 이런 일들이 천주교는 물론이요 개신교단들, 보수주의, 복음주의, 근본주의자들 가운데서 횡행하고 있는 것이다.

성경이 최종권위가 되지 못하는 자들은 늘 이런 어리석음을 따라 행한다. 그러면서도 그들은 자기들이 무엇을 잘못하고 있는 줄도 모른다. 그들의 영적 눈이 감겨 있기 때문이다.

30

원문을 이탈한 "성경"

히브리서 3:16

<한글킹제임스성경>

『이는 어떤 자들이 말씀을 들을 때에 격노케 하였음이라. 그러나 모세에 의하여 이집트에서 나온 모든 사람이 그리한 것은 아니었느니라.』

<King James Version>

『For some, when they had heard, did provoke: howbeit not all that came out of Egypt by Moses.』

<개역한글판성경>

『듣고 격노케 하던 자가 누구뇨 모세를 좇아 애굽에서 나온 모든 이가 아니냐』

<New International Version>

『Who were they who heard and rebelled? Were they not all those Moses led out of Egypt?』

변개된 로마 카톨릭 성서들은 하나같이 이 부분을 변개시켜 〈킹제임스성경〉과 정반대의 문맥을 만들어 놓았다. 성경은 말씀하시기를 광야에서 하나님께 반역했던 것은 이스라엘인 전부가 아니라고 하셨는데, 〈개역한글판성경〉을 위시한 모든 카톨릭 성서들은 이집트에서 나온 모든 자들이 하나님을 격노케 했다고 쓰고 있다.

민수기 14:29을 보면 20세 이상 된 자들은 하나님께 거역했기 때문에 그 땅에(카나안 땅) 절대로 들어가지 못하리라고 했다. 『**그러나 너희의 어린 것들, 즉 너희가 말하기를 먹이가 되겠다고 한 그들은 내가 데리고 들어가리니, 그들은 너희가 멸시하였던 그 땅을 알게 될 것이라**』(민 14:31). 이들 20세 이상으로 그 땅에 들어가지 못하게 된 자들 중에서 예외는 칼렙과 여호수아이다.

광야에서 40년을 지낸 이스라엘 중에 많은 사람들이 하나님께서 그들에게 약속하신 말씀을 믿지 않았고, 그들은 매일같이 만나를 받아먹으면서도 하나님의 섭리의 손길을 무시하였던 것이다. 그들은 끝까지 견디지 못하고 중도에 떨어져 나갔기에 약속의 땅에 들어갈 수 없었다.

칼렙과 여호수아가 카나안 땅을 탐지하고 돌아와서 이스라엘에게 말하기를 "그 땅은 젖과 꿀이 흐르는 땅이라."고 했다(민 14:8). 그러면서 그들에게 몇 가지 당부하기를 ① 오직 너희는 주를 거역하지 말라. ② 그 땅의 백성을 두려워하지 말라. ③ 그들의 보호자는 그들에게서 떠났으나 ④ 주님은 우리와 함께 계신다고 했다.

그러나 그들이 이 기쁜 소식을 거절하고 이 두 사람을 돌로 치라고 말하자, 주의 영광이 이스라엘에 나타나 그들을 전염병으로 쳐서 그 땅을 상속받지 못하게 만들고 모세에게 다른 민족을 주시겠다고까지 하셨다(민 14:8-12). 약속의 땅, 젖과 꿀이 흐르는 땅으로 이스라엘을 인도하신다는 약속은 하나님께서 하신 것인데도 그들은 이 기쁜 소식을 믿지 않았던 것이다.

카톨릭 성경을 따라가다 보면 구덩이에 빠져서 헤어나오지 못하게 된다. 바른 성경을 거부하면 즉시 영적으로 눈먼다고 말하지 않았던가! 이집트에서 나온 모든 사람이 하나님을 거역하여 격노케 한 것이 아니라는 것은 민수기 14:29을 히브리서 3:16에서 인용한 것인데도 이들은 이것도 볼 눈이 없는 것이다.

그러면서도 이들은 최초의 원본에만 영감이 있다고 운운하고 있다. 이들 앞에 그 원본이 있다 해도 그것이 원본인지 아닌지조차 분별할 수 없으면서도 그저 앞사람을 따라 앵무새처럼 종알대고 있다. "원본에만, 원본에만..."

장두만 박사처럼 웨스트코트와 홀트의 말을 여과 없이 받아들여 "짧은 문장이 더 옳다."는 것만 배워서 〈킹제임스성경〉이 첨가시켰다는 새로운 학설을 펴는 사람도 있다. 지난 1900년 동안의 이 세상 신학자들을 다 모아봐도 〈킹제임스성경〉에 무엇을 덧붙였다고 말하는 사람은 우리나라 출신 신학자 장두만 박사뿐일 것이다. 그는 얼마나 유식한가! 그는 여러 면에서 무식한 기록을 보유하고 있다. 〈개역한글판성경〉을 극찬하는 근본주의 신학자로서도 기록을 세우고 있다. 달라스는 "성경은 없다"라고 논문을 써도 학위를 주는 곳인가 보다.

히브리서 3:16과 민수기 14:29도 비교할 수 없는 자들이 강단에 서서 사람들을 가르치다니... 그래서 소경이 소경을 인도하면 둘 다 구덩이에 빠진다고 우리 주님께서 말씀하지 않으셨던가!(마 15:14, 눅 6:39)

NASV, NIV, 〈개역한글판성경〉을 원문에 가깝다는 등 마치 좋은 성경인 양 거들고 나온 자들은 영이 잘못된 자들이다. 그들은 그들 성경에서 30,000군데 이상을 변명해야 되는데 어떤 변명으로도 이들을 옹호할 수 없는 것이다.

신학은 잘못 배울 수 있다. 그러나 성경은 잘못 배울 수 없다. 왜냐하면 신학은 사람이 가르치지만 성경은 하나님이 기록하셨고 하나님께서 가르치시기 때문이다(요 16:13).

31

그리스도와 다윗의 보좌를 삭제

사도행전 2:30

<한글킹제임스성경>

『**그러므로 그가 선지자가 되어 육신을 따라 그의 후손 중에서 그리스도를 일으키시어 그의 보좌에 앉게 하신다는 맹세를** 하나님께서 **자기에게 하신 것을 알고**』

<King James Version>

『Therefore being a prophet, and knowing that God had sworn with an oath to him, that of the fruit of his loins, according to the flesh, he would raise up Christ to sit on his throne』

<개역한글판성경>

『그는 선지자라 하나님이 이미 맹세하사 그의 자손 중에서 한 사람을 그 위에 앉게 하리라 하심을 알고』

<New International Version>

『But he was a prophet and knew that God had promised him on oath that he would place one of his descendants on his throne』

본문은 다윗이 선지자였다고 말씀하고 있다. 하나님께서는 다윗의 보좌가 영원히 견고하리라는 것을 성경 여러 곳에서 다윗에게 약속하셨다.

『**네 날들이 차서 네가 네 조상들과 함께 잠들 때, 내가 네 몸에서 나올, 곧 네 뒤에 올 네 씨를 세우고, 내가 그의 왕국을 견고하게 하리라. 그가 내 이름을 위하여 한 집을 지을 것이요, 나는 그의 왕국의 보좌를 영원히 견고하게 하리라. 나는 그의 아버지가 되고 그는 나의 아들이 되리니, 만일 그가 죄악을 범하면 내가 사람들의 막대기로, 사람의 자식의 채찍으로 그를 징책하리라. 그러나 내가 네 앞에서 제거한 사울로부터 내 자비를 빼앗은 것과 같이 그것이 그에게서 떠나지는 아니하리니 네 집과 네 왕국이 네 앞에서 영원히 세워지리라. 네 보좌가 영원히 세워지리라**』(삼하 7:12-16).

다윗의 아들 솔로몬을 위로하는 말이지만, 여기에서 솔로몬은 그리스도의 예표이다. 시편 132:12에서도 『**네 자손들이 내가 그들에게 가르칠 내 언약과 내 증거를 지키면 그들의 자손들도 네 보좌에 영원토록 앉으리라.**』고 말씀하고 있다. 신약성경은 『**다윗의 아들이요 아브라함의 아들인** 예수 그리스도**의 세대에 관한 책**』이라고 시작한다. 아브라함은 이스라엘인의 조상으로 당연히 다윗보다 앞서 있어야 함에도 불구하고 왜 다윗의 아들이 먼저 나왔을까? 이 계보는 예수 그리스도의 왕권의 계보를 중요시하기 때문이다. 이 계보는 메시야의 계보를 말하는 것이지 인간 예수의 혈통을 중요시하는 것이 아님을 말해 준다.

성경에서 선지자요 제사장이며 왕이신 사람은 두 사람 다윗과 예수 그리스도뿐이다. 멜기세덱은 제사장이요 왕일 뿐 선지자는 아니였다(히 7:1). 다윗은 선지자가 되어 한 사실을 알고 있었는데 그것은 자신의 육신을 따라 그의 후손 중에서 메시야 즉 그리스도를 일으키시어 그의 보좌에 앉게 하신다는 것을 알았는데 이를 하나님께서 자신에게 맹세하셨다고 했다.

여기에서 중요한 것은 "그의 후손 중에서 일으키실 분이 그리스도라는 사실"과 그분이 "다윗의 보좌에 앉아 통치하신다."는 부분이다. 한글개역성경과 그 외의 모든 사촌 성서들은 가장 중요한 이 두 부분을 삭제시켜 버린 것이다. "그의 자손 중에서 한 사람을 그 위에 앉게 하리라."를 기록된 대로 해석한다면 무슨 말인 줄 알겠는가?

〈한글킹제임스성경〉처럼 원문에 따라 "그의 후손 중에서 그리스도를 일으키시어, 그의 보좌에 앉게 하신다는 맹세를"이 기록된 대로 해석하고 이해하는 데 아무런 문제가 없지 않은가? 이 보좌는 예수님이 재림하시어 예루살렘에 본부를 두고 천 년 동안 통치하실 지상의 보좌이며 이를 다윗의 보좌라 한다.

예수님을 가리켜 성경에서 하나님의 아들(The Son of God), 인자

(The Son of man), 다윗의 아들(The Son of David)이라고 부른다. 하나님의 아들이란 예수 그리스도의 신성을 말할 때 사용하는데 한글 개역성경은 예수 그리스도의 신성을 부인하기 위하여 하나님의 아들이라는 구절을 많이 삭제시켜 놓았다(막 1:1, 요 9:35, 행 8:37, 요일 5:13 등). 인자란 예수 그리스도의 인성을 말할 때 사용된다. 예수 그리스도께서 육신을 입고 땅에 계시는 동안 인자라고 불리우셨다. 교회 시대에는 그분이 인자가 되셨을 뿐 그분을 인자라고 부르지 않는다. 사도 바울도 예수님을 인자라고 기록하지 않았다. 이제 이 인자가 되신 예수 그리스도는 곧 오셔서 다윗의 보좌인 영광의 보좌에 앉으셔서 심판하고 다스릴 것이다.

〈한글킹제임스성경〉과 〈킹제임스성경〉을 제외한 어떠한 성경을 가지고서도 그 우위를 이야기할 수는 없다. 왜 우리가 성경이 삭제되고 변개되면 안 되는가를 주장하는지를 알아야 한다.

1. 열악한 성경으로는 문자적으로 해석하는 것을 못하게 한다. 문자적으로 해석할 수 없게 되면 엉뚱한 해석이 나오게 되고 그렇게 되면 설명해야 할 성경적 교리가 혼란스럽게 된다. 그 책임이 누구에게 있는가? 삭제 안된 성경인가 삭제된 성경인가는 너무도 확연하지 않은가?

2. 예수 그리스도와 관련된 구절들이 삭제되고 변개되었다는 사실은 간과될 수 없는 부분이다. 이것은 사탄이 성경 변개에 개입되었다는 뚜렷한 증거이다.

3. 성경을 공부하려는 사람들에게 성경으로 성경을 해석할 수 있는 근거를 막아 버리는 결과를 낳는다.

4. 삭제되고 변개된 성경 편에 서서 입에 거품을 물고 뭐라 떠들어 대는 학자들, 목사들 모두가 사탄의 종들임을 스스로 증명하고 있다.

크건 작건 영적인 문제에는 사탄이 개입하지 않는 곳이 없다. 교리 때문에 교회가 파괴된 것, 진리 때문에 가정이 파괴된 것, 교회에 죄가 스며든 것, 사람을 모으기 위해 거짓 교리와 타협한 것, 가짜 목사와 교사 등이 자리를 차지하고 학교와 학위를 자랑하는 것, 육신적인 권위로 교회를 운영하는 것, 교회 운영에 돈이 우선의 관심사가 되는 것, 하나님의 일꾼이라 자처하는 자가 세상으로부터 인정을 받으려는 것 등은 모두 사탄의 계략으로 이루어진 것들이다. 이 중에서도 특히 성경 문제는 사탄이 중심이 되어 그가 부리는 그의 종들에 의해서 주장되고 변호되며 확산된다는 사실을 잊어서는 안된다.

32

휴거를 가리는 이단들

누가복음 17:35,36

<한글킹제임스성경>

35 두 여인이 함께 맷돌을 갈고 있다가, 한 사람은 데려가게 되고 한
사람은 남게 되리라.
36 또 두 사람이 들에 있는데, 한 사람은 데려가게 되고 한 사람은 남
게 되리라."고 하시니라.

<King James Version>

35 Two women shall be grinding together; the one shall be
taken, and the other left.
36 Two men shall be in the field; the one shall be taken, and
the other left.

<개역한글판성경>

35 두 여자가 함께 매를 갈고 있으매 하나는 데려감을 당하고 하나는 버려둠을 당할 것이니라.

36 (없음)

<New American Standard Version>

35 There will be two women grinding at the same place; one will be taken, and the other will be left.

36 [Two men will be in the field; one will be taken and the other will be left.]

개역성경을 옹호하고 나선 자들은 머리가 혼란스럽게 된 자들이다. 자기들의 입으로 성경은 하나님의 영감으로 기록되었기에 일점일획도 오류가 없어야 한다고 말한다. 그들은 누가복음 17:36의 "없음"이란 것을 뻔히 쳐다보면서도 그런 말을 아무렇지도 않게 한다. 이상하지 않은가! 정상적인 사람이라면 그런 거짓말을 할 수 없을 것이다. 그들은 하나님 앞에 거짓말을 해도 아무일도 일어나지 않는 것으로 안다. 하나님의 말씀을 혼잡케 하는 자는 하나님께서도 그 자의 머리를 혼잡케 하신다는 사실을 그들은 모른다. 그런 자들은 진리와 오류도 구분하지 못한다. 하나님께서는 그런 자들을 혼란스럽게 만드신 것이다.

하나님의 말씀은 양날 가진 어떤 칼보다도 예리하다(히 4:12). 예리한 면도날을 손으로 마구 주무르면 어떻게 되겠는가? 만신창이가 될 것이다. 여거저기 찢겨져서 피가 흐르고 아플 것이다. 그런데도 그들은 감지를 못한다. 이단의 무리들은 성경을 멋대로 끌어다가 그들의 교리에 맞추기 위하여 빼고 싶으면 빼고, 더하고 싶으면 더해서 자기들의 교리로 가지고 간다. 성경에서 몇 구절을 골라 자신들이 믿고 있는 독특한 이단적 가르침을 증명하고 있는 것이다. 그렇다고 해서 그것이 어떻다는 것인가? 약 840,000 단어 중에서 서너 구절만 빼내어서 자기들의 교리에다 맞추고 나머지는 모두 쓰레기통에 갖다 버리자는 것인가?

이단들이 탄생했던 것은 모두가 몇 개의 성경 구절을 가지고 자기들의 교리를 정립시켰기 때문이다. 마귀도 예수님을 시험할 때 몇 개의 성경 구절을 인용했던 것을 모르는가? 어떤 자는 말할 것이다. "그렇지만 우리는 성경을 매일같이 가르치며 설교하지 않는가! 우리를 사탄에게 비교하다니..." 그런 소리 하지 말라! 사탄도 성경을 믿는다. 개신교 목사들은 삭제되고 변개된 성경을 보면서도 눈 하나 깜짝하지 않지만 사탄은 믿고 떨기까지 하는 것이다(약 2:19). 〈개역한글판성경〉은 귀신들도 믿고 떤다. 그렇기 때문에 〈개역한글판성경〉은 사탄의 성경이고 (사 14:12), 귀신의 성경이다.

교회에 다니기만 하는 사람들은 진리와 비진리를 구분할 능력이 없기 때문에 자칭 목사라 하는 자가 나와서 성경만 인용하면 그가 거짓되이 인용하든, 엉뚱하게 인용하든 관계없이 진실을 말하고 있다고 간주해 버린다. 성경을 인용한다고 해서 진리를 말하고 있다고 착각하는 것은 대단한 미혹이다. 성경에는 『**너희가 반드시 죽지는 아니하리라**』(창 3:4)는 말도 있고, 『**벧엘로 와서 범죄하며**』(암 4:4)라는 말도 있으며, 『**강도들의 장막들은 번성하며** 하나님을 **진노케 하는 자들은 평안 하니** 하나님**께서 그들의 손에 풍성하게 가져다 주심이라.**』(욥 12:6)는 말도 있다. 심지어 『하나님**은 없다**』(시 14:1)라는 말도 있다.

성경에서 앞뒤에 있는 단어나 앞뒤의 연관된 구절을 배제하게 되면 엉뚱한 말이 된다. 누가복음 17:36에는 휴거의 진의를 가리우는 자들의 계략이 드러나 있음을 알 수 있다. 어떤 말로도 변명이 안됨을 알아야 한다. 성도의 휴거는 하나님의 약속이다(요 14:1-3, 행 1:10-11, 고전 15:51-52, 빌 3:20-21, 살전 4:13-18, 요일 3:2, 계 22:20). 주님은 어느 한 순간에 도둑같이 오셔서 독수리가 새를 낚아채 가듯 성도들을 들어 올리실 것이다. 예수 그리스도의 피로 죄사함을 받은 성령이 내주하시는 성도의 몸은 올리브 산에서 변형되신 예수 그리스도의 몸처럼 변화되어 초속 186,000마일보다 더 빠르게 베이네브라(Bay Nebula) 성운을 거쳐 셋째 하늘을 향하여 솟구칠 것이다.

〈개역한글판성경〉과 알렉산드리아 이단들의 성경으로는 휴거를 믿을 수 없다. 이들은 고의로 휴거를 희석시키고 있는 것이다. 무천년주의자인 장로교인들은 영적으로 올라간다고 믿기 때문에 휴거를 기다리지 않는다. 그들의 신학과 교리로는 휴거를 기다릴 수 없게 되어 있다. 후천년주의자들인 카톨릭과 남침례교회도 이 땅에 천 년 간 평화가 유지된 뒤에 예수님이 오신다고 한다. 이들의 거짓말은 국제 특허를 낸 거짓말이다. 그래서 이들은 휴거를 삭제시킨 것이다. 삭제시킨 성경으로 교리를 정립하려는 것은 자재도 없이 집을 지으려는 허무맹랑한 시도에 불과하다.

33

영적 권위로 다스린다는 의미를 상실

히브리서 13:7

<한글킹제임스성경>

『하나님**의 말씀을 너희에게 들려 주고 너희를 다스리던 자들을 기억하고 그들의 행실의 결과를 관찰하여 그들의 믿음을 따르라.**』

<King James Version>

『Remember them which have the rule over you, who have spoken unto you the word of God: whose faith follow, considering the end of their conversation.』

<개역한글판성경>

『하나님의 말씀을 너희에게 이르고 너희를 인도하던 자들을 생각하며 저희 행실의 종말을 주의하여 보고 저희 믿음을 본받으라.』

<New International Version>

『Remember your leaders, who spoke the word of God to you. Consider the outcome of their way of life and imitate their faith.』

<New American Standard Version>

『Remember those who led you, who smoke the word of God to you: and considering the result of their conduct, imitate their faith.』

성령이 내주하지 않는 사람은 영적인 일과 육신적인 일을 구별하지 못한다. 영적인 사람이 육신적인 사람과 교제할 수 없는 것은 함께 할 부분이 적기 때문이다. 말하자면 관심사가 각각 다르다는 것이다. 그렇기 때문에 육신적인 안목으로 영적인 사람을 보게 되면 "너무 심하다," "사랑이 없다," "극단적이다," 심지어 "광적인 믿음이다" 등으로 표현하게 된다. 그것은 사실이다. 사도 바울 당시 유대인 지도자들은 바울의 믿음과 열정을 육신적인 안목으로 보았기 때문에 바울을 이단이라고 했다. 『**즉 그들이 이단이라고 하는 그 도를 따라서 내가 내 조상들의** 하나님을 **섬기고 율법과 선지서들에 기록된 모든 것을 믿으며**』(행 24:14).

영적인 사람의 편에서 보면 육신적인 사람은 꽉 막혀 있음을 알 수 있다. 왜냐하면 하나님의 일은 영적인 안목으로만 판단되는 것인데, 그에게는 어떤 조명도 없기 때문이다. 그들은 스스로 깨우칠 수가 없기 때문에 그들의 지식을 학자들에게만 의존하며 산다. 그래서 그 학자들이 틀리면 그들도 함께 무너지고 마는 것이다. 독자들은 왜 하나님의 일꾼들이 진리를 반복해서 전파해야 된다고 생각하는가? 그것은 듣는 사람들이 알아듣지 못하기 때문이 아니겠는가? 거듭나야 알아들을 터인데 거듭나지도 않은 자들이 알아듣는 척 위선을 부리기 때문이다. 신학교 학생들도 거듭나지 않은 채 교실에 앉아 있고, 가르치는 사람도 거듭나지 않은 채 강단에 서기 때문에 학문만을 가르치게 되고 성경도 필요없게 된 것이다. 마치 세상 교실을 신학교로 이름만 바꾸고, 학생과 교수의 신분도 기독교란 이름만 앞에 붙혀 놓은 실정이다.

본문은 영적 권위로 다스리라는 것을 말한다. 거듭나지 않은 사람들에게 영적 권위를 행사하게 되면 따분하게 여겨져서 견디질 못하고 그들이 교회를 떠나든지, 아니면 목사가 떠나든지 둘 중 하나의 일이 벌어지게 되어 있다. 반면에 육신적 권위로 다스리게 되면 교인들은 바보처럼 행동하게 된다. 즉 교인들이 유치하게 되어 자발적인 참여의식이 희박해지고 시키는 일만을 하게 된다. 그래서 주일 외에도 월요일은 심방, 화요일은 부녀 성경공부, 수요 기도회, 목요일은 남선교회 모임, 금요일에는 철야 금식기도, 토요일에는 찬양예배와 청년회 모임 등 일주일 내내 이 모임 저 모임으로 바쁘다. 거기다 매일 새벽예배까지 합치면 교회 다니는 것이 고역이 아닐 수 없다. 『**진리를 알게 되리니 그 진리가 너희를 자유롭게 하리라.**』(요 8:32)는 말씀이 무색케 되고 누구의 말이 옳은지조차도 모르게 되어 버린다.

이들은 영적인 권위로 다스리라는 하나님의 말씀에서 "다스린라"는 말이 삭제되어 있는 성경을 보기 때문에 영적 권위로 다스리는 것이 무엇인지 또 왜 그렇게 해야 하는지도 모른다. 거듭나지 않은 목사가 영적 권위를 알 리가 없다. 육신적인 권위를 행사하게 되면 세상 사람이 세상 기구를 운영하는 것같이 하게 된다. 세상 사장이 회사를 운영하는데 왜 기도가 필요하겠는가? 제도교회의 장로나 집사의 직분을 맡은 경영자들은 자기 회사에서 진리와 무관한 사업을 하면서도 예배를 드리는 것을 볼 수 있다. 거듭나지도 않은 직원들을 모아놓고 영과 진리로 드리지 않는 형식적인 예배가 하나님을 기쁘시게 할 수 있겠는가? 그런데 이들은 그런 일을 하면서 자기가 믿는 사람임을 드러내려 한다.

영적 권위는 하나님의 말씀을 들려 주는 사람들의 권위를 말한다. 그렇기 때문에 모든 목사들의 권위가 다 영적인 권위가 될 수 없는 것이다. 성경적 진리를 따라 행하는 하나님의 사역자들의 권위가 영적 권위인 것이다. 그래서 성경을 바르게 가르칠 수 없는 사역자들은 일찌감치 영적 권위를 행사하는 것을 포기하고 육신적인 권위를 행사하려 든다. 사실 그들은 영적 권위를 행사할 줄 모른다.

여러분은 얼마나 많은 교회들이 마귀의 수중에 들어가 있는지 알 수 있을 것이다. 성경으로 성도들을 인도하지 못하는 자들은 거의 다 마귀의 수중에서 놀아나고 있는 것이다. 그런 목자 아래서 종노릇하는 군상들도 마찬가지이다. 자기 교회의 교인 숫자나 자랑하는 교회에 가서 성경을 얼마나 아는지 퀴즈를 낸다고 상상해 보라! 그들이 영적 전쟁에서 얼마만큼 마귀를 대적할 수 있을지 흥미롭지 않은가?

마귀는 쓸모없는 곳에 시간과 수고를 낭비할 만큼 멍청하지 않다. 즉 손가락 하나 까딱하지 않아도 자기 수중에서 놀아나는 사람들이 죄를 짓건, 잘못 가르치건, 성경을 변개시키건, 진리를 따라 행하는 사람들을 대적하건 간에, 모두 마귀에게 유익을 가져다 주기 때문에 이런 자들을 공격하지 않는 것이다. 마귀는 성경을 무력화시키는 것이야말로 사람들을 진리에 서지 못하게 하는 최선의 방책인 것을 잘 알고 있다. 성경을 변개시켜 놓으면 반드시 그것을 옹호하고 나서는 자들이 있어 성경을 수호하는 사람들을 공격하고 나서기 때문이다.

자기보다 더 높은 권위를 인정하기 싫어하는 자들을 가리켜 영적 무정부주의자라고 한다. 그래서 영적 권위를 인정하지 않는 자들은 항상 자기 의견이나 선호도를 내세운다. 그러나 육신적인 권위로 영적 권위를 대적하는 것은 하나님을 대적하는 것이다. 반대로 영적 권위를 행사하는 곳에는 육신적인 권위가 발 붙일 곳이 없게 된다.

"다스린다"(rule)는 한 단어를 삭제시킴으로써 육신적인 권위로 하나님의 일을 하겠다는 자들의 의도가 역력히 드러나며, 왜 그 말을 삭제시켜야 하는가를 이해하게 해 준다.

34

"질서의 하나님"이심을 알라

고린도전서 14:32,33

<한글킹제임스성경>

『예언하는 사람들의 영들은 예언하는 사람들에게 복종하나니 이는 성도들의 모든 교회에서와 같이 하나님은 **혼란의 창시자가 아니라 화평의 창시자이심이라.』**

<King James Version>

『And the spirits of the prophets are subject to the prophets. For God is not *the author* of confusion, but of peace, as in all churches of the saints.』

<개역한글판성경>

『예언하는 자들의 영이 예언하는 자들에게 제재를 받나니 하나님은 어지러움의 하나님이 아니시오 오직 화평의 하나님이시니라』

<New American Standard Version>

『and the spirits of prophets are subject to prophets; for God is not *a God* of confusion but of peace, as in all the churches of the saints.』

고린도전후서가 쓰여질 당시(A.D. 55년 경)에는 신약 성경 27권이 지금처럼 책으로 엮여지지 않았음을 안다면 이 부분을 이해하는 데 도움이 될 것이다. 여기서 말하는 예언이란 미래의 일을 예언한다는 말이 아니라, 성경이 없는 상태에서 어떤 사람이 성경을 강론하는 것을 말한다. 요즘도 지방교회와 어떤 형제교회에서는 예배시에 사람들이 일어나서 간증하듯이 성령님이 자기 안에 역사한다며 떠든다고 들었다. 그런 것은 자기가 생각하는 대로 말하는 것일 뿐이다. 오늘날 신약 교회는 온전한 성경이 있기에 그 말씀을 강론하면 된다.

성경이 없었던 초기에는 성령으로부터 말씀을 받은 사람이 강론하였다. 이것을 예언이라 한다. 어떤 사람이 예언을 할 때면 한 가지 유의해야 할 것이 있는데, 그 사람이 하는 말이 참으로 성령으로부터 비롯되었는가를 아는 것이었다. 그래서 예언의 은사에는 영들을 분별하는 은사를 가진 사람이 필요했던 것이며, 여러 가지 방언들을 말하는 사람에게는 그 말을 통역하는 은사를 받은 사람이 필요했던 것과 같다. 만일 그 방언들이 언어가 아니라면 무슨 통역이 필요하겠는가? 오늘날에는 은사주의자들이 헛소리를 하면 통역한다고 나서는 사람도 있다. 이 둘은 다 거짓말쟁이들이다. 하나님께서도 소리를 통역하지는 못하신다(고전 12:10).

성경을 강론하는 것을 왜 예언이라고 했을까? 그것은 성경이 예언의 책이기 때문이다. 『**우리에게 더 확실한 예언의 말씀이 있으니, 날이 새어 샛별이 너희 마음에 떠오르기까지 너희가 어두운 곳에서 빛나는 빛에 주의하듯 이 예언의 말씀에 주의하는 것이 잘하는 것이니라. 먼저 이것을 알지니, 성경의 어떤 예언도 사사로운 해석에서 나온 것이 아니니, 예언은 예전에 사람의 뜻에서 나온 것이 아니요 오직** 하나님**의 거룩한 사람들이** 성령**으로 감동을 받아 말한 것이니라**』(벧후 1:19-21).

1. 예언하는 사람은 예언의 은사로 강론한다. 이때 중요한 것은 그 사람의 영이 하나님께로부터 온 것인가 아니면 마귀로부터 온 영인가를 알아 내는 것이다. 이런 상태를 성령으로 충만한 상태라 한다. 어떤 사람이 자기는 성령충만하다고 말한다고 해서 그렇게 믿어 줄 수 있는가? 아니다. 그가 하나님의 바른 말씀을 가지고 설교하는가 봐야 한다. 틀린 성경으로 설교하게 되면 많은 부분을 거짓되이 설교할 수 있다. 만일 틀린 성경으로 설교하게 되면, 그는 진리를 왜곡하게 되고 더 나아가 진리가 아닌 누룩(거짓 교리)을 퍼뜨릴 것이기 때문이다. 진리를 전해야 할 사람이 오류를 전하면서도 하나님의 일을 한다고 할 수 있겠는가?

그러므로 하나님께서 부르신 사람은 성령님의 역사하심을 받아 말하게 되고, 또 영들과 어긋나게 거역할 수 없게 된다. 설교자는 바른 성경을 강론하고, 바른 지식은 성경과 반대로 하지 않는 것과 같다.

2. 〈개역성경〉은 "이는 성도들의 모든 교회에서와 같이"(as in all churches of the saints)를 삭제시켰다. 이것은 웨스트코트와 홀트가 주장했던 바를 그대로 따랐기 때문이다. "더 짧은 구절이 더 정확하다"는 이론을 따른 것이다. 그들은 더 짧은 구절이 더 정확하다는 원칙을 세워 놓고 수많은 구절들을 가위질해서 하나님의 말씀을 훼손시키고 무력화시켰다. NIV, RSV, ASV, NASV 등에 들어 있는 것을 유난히 〈한글개역성경〉에서만 삭제시킨 이유가 무엇일까? 마귀가 성경 번역에 개입했음을 단적으로 알게 해 주는 대목이다. 누군가가 웨스트코트와 홀트에게 강한 영향을 받았고, 그 사람이 이를 할례받지 않은 손으로 다루었던 것임을 알 수 있다.

3. 〈개역성경〉은 "혼란의 창시자가 아니라" 대신 "어지러움의 하나님이 아니시라"고 했다. 언뜻 보면 하나님이 어지러움의 병을 앓고 계신 것같이 보인다. "Confusion"에는 혼란이란 정확한 뜻이 있는데 왜 어지러움이라고 했을까? 당신의 하나님은 어지러움의 하나님이신가? 우리 하나님은 혼란의 창시자가 아니시라 질서의 하나님이시다. 신학과 교리의 교통정리자시다. 눈을 크게 뜨고 귀를 열라. 그러면 하나님께서 인도하시는 길을 보고 갈 수 있게 된다.

35

사탄을 예수 그리스도로

이사야 14:12

<한글킹제임스성경>

『오 아침의 아들 루시퍼야, 네가 어찌 하늘에서 떨어졌느냐! 민족들을 연약하게 하였던 네가 어찌 땅으로 끊어져 내렸느냐!』

<King James Version>

『How art thou fallen from heaven, O Lucifer, son of the morning! *how* art thou cut down to the ground, which didst weaken the nations!』

<개역한글판성경>

『너 아침의 아들 계명성이여 어찌 그리 하늘에서 떨어졌으며 너 열국을 엎은 자여 어찌 그리 땅에 찍혔는고』

<New American Standard Version>

『"How you have fallen from heaven, O star of the morning, son of the dawn! You have been cut down to the earth, You who have weakened the nations!』

우리나라에서 교회를 다니는 모든 사람이 자기 성경의 이 구절을 써서 따로 메고 어느 한 곳으로 집결하게 했다면, 수백만 명이 사탄을 예수 그리스도라고 적힌 구절을 메고 나오게 될 것이다. 이 일은 거듭나지 않고 무지한 사람들에게서만 발견되는 것이 아니라 소위 내노라 하는 목사들, 신학교 교수들에게서도 발견될 것이다. 한 심사위원이 있어 그들에게 인터뷰를 했다고 하자. 당신은 왜 사탄을 예수 그리스도라고 쓰여 있는 성서를 쓰십니까? 그 대답은 다양할 것이다.

① 정말이요? 난 잘 몰랐는데요. (목회를 몇 십 년 했는데 모르다니...)

② 난 성서공회가 그런 성서를 폈다고는 생각지 않는데요. (그런 것도 확인하지 않고 썼나요? 이 구절을 한 번도 가르치지 않았단 말이요?)

③ 웨스트코트, 홀트, 티쉔돌프, 그리스바흐, 라흐만, 메이첸, 메쯔거, 윅그린, 네슬, 알란드 같은 학자들이 모를 리가 있나요? (그들이 모르니까 그대로 덮어 뒀지요.)

마귀에게 점유당한 사람들에게서 나타나는 특징은 첫째, 하나님을 두려워하지 않는다. 아니 하나님을 의식하지 않는다는 것이다. 둘째, 자기가 행한 행위에 대해 수치를 모른다. 셋째, 그 일이 파급됨으로 인하여 가져올 영향에 대해 고려하지 않는다. 그들은 무슨 일을 해서든지 하나님의 나라가 손상을 입고 파괴되는 것을 보고 기뻐할 수 있기 때문이다. 그들이 이 일을 할 때에 하나님의 사역을 가장해서 많은 미숙한 영혼들을 회유하여 그들을 추종하게 만든다는 것을 기억해야만 한다.

뉴에이지 운동을 벌이는 자들과 그 추종자들은 사탄의 존재를 부인한다. 사탄의 세력들은 그들 왕초의 명령대로 살인하고, 거짓말하며(요 8:44), 거짓 교리를 만들어 실행하고 확산시키고 있으면서도 그들의 입으로는 사탄을 부인하고 있다.

1. 사탄은 인격체가 아니라 어떤 힘이다(파이크).

2. 마귀는 형이상학적이며 추상적인 개념이다. 지금까지 마귀들, 즉 타락한 천사들이란 존재해 본 적이 없었다(블라바츠키).

3. 뉴에이지 교리에 의하면 사탄은 단지 복합적인 사고의 한 형태에 불과하다(카아).

4. 마귀는 육체요, 정욕이다(클라이머).

이와 같은 이론이 가장 보편적으로 통용되는 이론이었다. 웨스트코트와 홀트 역시 마귀는 인격체가 아니라 일반적인 악의 세력이라고 주장했다. 이런 주장은 사람들로 마귀를 식별하지 못하도록 연막을 치는 행위이다. 하나님께서 한 영이시듯이 마귀도 영인 것을 알아야 한다. 하나님께서 어떤 계획을 실현하실 때 성령이 내주한 그리스도인을 쓰시듯이 마귀도 악령을 소유한 마귀의 자녀들을 쓰는 것을 알아야 한다. 어떤 사람이 악령의 사주를 받아 마귀의 일을 하면서도 마귀의 일이 아니라고 하는 것은 속임수에 불과하다. 그의 거짓말에 속아 넘어가는 사람은 어리석은 사람이다. 그 일이 마귀의 일인지 아닌지는 증거와 열매로 알아야 한다.

루시퍼는 거의 모든 성서 사전들과 주석서들에서 제거되었다. 비록 루시퍼를 다루었다 해도 개역성경처럼 루시퍼는 사탄이 아니라고 가리고, 심지어 예수 그리스도로 바꿔치기 한 것을 보면 경악하게 된다.

우리 나라 신학자들이나 목사들 중 특히 미국에서 학위를 받아 온 사람들이 즐겨 사용하는 신학 사전이나 주석서들은 루시퍼에 관해 어떻게 다루고 있는가 보자.

1. 하퍼의 성경 사전 (Harper's Bible Dictionary)

"루시퍼와 사탄이 연관되어 있다는 것은 잘못된 견해이다"(p.582).

이런 자가 성경 사전을 다루고 있다는 것이 참으로 딱한 일이다.

2. 어드만의 성경 사전 (Eerdman's Bible Dictionary)

이 사전에는 루시퍼가 언급되어 있지 않다. 이 사전의 루시퍼 난에는 샛별(예수 그리스도)을 볼 것이라고 했고, 거기에 "새벽별에 대한 또 다른 이름, 벧후 1:19, 계 2:28"이라고 덧붙여져 있다.

어떤 주석가들은 샛별을 한 신적 존재의 추방에 관한 고대 신화와 연계시킨다.

3. 새 표준 성경 사전 (New Standard Bible Dictionary)

이 사전에는 루시퍼를 다루고 있지 않다. 다만 샛별 난을 보라고 하면서 샛별을 루시퍼와 그리스도에게 적용시키고 있다.

4. 스미스 성경 사전 (Smith Bible Dictionary)

"루시퍼가 사탄으로 언급된 것은 제롬으로부터 시작되었다."고 되어 있다.

5. 성경 사전 (Dictionary of the Bible)

루시퍼를 언급하고 있지 않다.

6. 구약의 인물 사전 (Who's who in the O.T.)

루시퍼를 언급하고 있지 않다.

7. 성경의 인명 및 지명 사전

(Dictionary of Proper Names and Place of the Bible)

"학자들은 이사야서 14:12이 가나안 사람들의 신화에 대해 설명한 것으로 해석해야 한다."

8. 헐버트의 편리한 성경 백과 사전

(Hurlbert's Handy Bible Encyclopedia)

"루시퍼는 마귀와 전혀 상관이 없다"(p.207).

9. 번역자의 성경 사전 (Interpreter's Bible Dictionary)

"이 전제 군주가 행한 것의 의미는 희랍 신화에 잘 드러나 있으며 또 다른 신화적 요소는 회중의 신이라는 구절이다."

10. 20세기 성경 주석 (Twentieth Century Bible Commentary)

루시퍼는 언급조차 되어 있지 않다.

이와 같은 사전에 신뢰를 둔다면 어떻게 되겠는가? 영적 지식이란 자연인에게서는 결코 나올 수 없는 것이다(고전 2:14).

루시퍼는 사탄이다. 그는 기름부음 받은 그룹이었다. 그런 그가 하나님의 권위를 찬탈하려다 저주를 받은 것이다. 『**또 주의 말씀이 내게 임하여 말씀하시니라. 인자야, 투로 왕에게 애가를 지어 그에게 말하라.** 주 **하나님이 이같이 말하노라. 너는 완전한 규모를 확정하는 자라. 지혜가 충만하고 아름다움이 완벽하도다. 네가** 하나님**의 동산 에덴에 있어 모든 귀한 돌인 홍보석과 황옥과 금강석과 녹보석과 얼룩마노와 벽옥과 사파이어와 에메랄드와 홍옥과 금으로 덮여 있었고 네 북들과 관악기들이 만들어짐이 네가 창조되던 날에 네 안에 예비되었도다. 너는 기름부음을 받은 덮는 그룹이라. 내가 너를 그렇게 세웠더니 네가** 하나님**의 거룩한 산 위에 있었고 네가 불의 돌들 가운데를 위아래로 걸었도다. 네가 창조된 날로부터 죄악이 네게서 발견되기까지 너는 네 길에 완벽하였도다. 네 상품이 풍부함으로 그들이 폭력으로 네 가운데를 채워서 네가 죄를 지었느니라. 그러므로 내가 너를 더럽게 여겨** 하나님**의 산에서 쫓아내리라. 오 덮는 그룹아, 내가 불의 돌들 가운데로부터 너를 멸하리라. 네 마음이 너의 아름다움으로 인하여 높아졌고 너는 네 지혜를 네 찬란함으로 인하여 변질시켰도다. 내가 너를 땅에다 던질 것이며 내가 너를 왕들 앞에 두어 그들로 너를 보게 하리라. 너는 네 죄악이 많음으로 인하여, 즉 네 거래의 죄악으로 인하여 네 성소들을 더럽혔느니라. 그러므로 내가 네 가운데로부터 불을 일으키리니 그 불이 너를 삼킬 것이요, 내가 너를 보는 모든 자들의 목전에서 너를 땅 위에 재가 되게 하리라. 백성 가운데서 너를 아는 모든 자들이 너를 보고 놀랄 것이며 너는 몰락하여 결코 더 이상 존재하지 못하리라**』(겔 28:11-19).

루시퍼도 그리스도(christ)이다. 예수님도 그리스도(Christ)이시다.

그러나 잘 알아야 한다. 루시퍼는 "적"그리스도인 것이다. 그가 그리스도를 가장해 보지만 그는 그리스도가 될 수 없다. 마귀의 자녀들인가 아닌가는 루시퍼를 그리스도(Christ)로 알고 있느냐 아니냐로 구분된다.

이제 적그리스도가 출현해서 자기가 그리스도라고 하며 이적을 행하면 거듭나지 않은 수많은 무리들이 그에게로 달려갈 것이다. 이것이 대환란에서 이루어질 현상이다. 그러나 그때 우리 그리스도인들은 들림받아 이 지상에는 없을 것이다.

루시퍼를 새벽별(계명성)이라고 부르는 자들은 마귀의 자녀들뿐이다. 그런 성경은 사탄의 성경이라 한다.

36

육신의 뜻 vs. 육정

요한복음 1:13

<한글킹제임스성경>

『그들은 혈로나 육신의 뜻으로나 또한 사람의 뜻으로 나지 아니하였고 하나님**에게서 난 사람들이라.』**

<King James Version>

『Which were born, not of blood, nor of the will of the flesh, nor of the will of man, but of God.』

<개역한글판성경>

『이는 혈통으로나 육정으로나 사람의 뜻으로 나지 아니하고 오직 하나님께로서 난 자들이니라.』

<New American Standard Version>

『who were born not of blood, nor of the will of the flesh, nor of the will of man, but of God.』

우리 인간이 육신으로 태어난 것은 타락한 부모에게서 태어났기 때문에 육이 된 것이다. 욥기 기자는 『**여인에게서 태어난 자가 의로워질 수 있겠느냐?**』고 반문한다(욥 15:14). 사람이 육신으로 태어났기에 의인이 한 명도 없다는 것이 하나님의 선언이며, 육신으로 태어난 사람은 영으로 다시 태어나야만 하는 것이다. 예수님께서 일찍이 니코데모를 만나 그가 거듭나야만 한다고 강조하시면서, 『**육신으로 난 것은 육이요, 또 성령으로 난 것은 영이니라. 내가 너에게 '너희는 거듭나야만 한다.'고 말한 것을 이상히 여기지 말라.**』고 하셨다(요 3:6,7).

사람이 악을 생각한 적이 없고, 평생 동안 불쌍한 사람을 돌보아 주고, 양로원과 고아원을 찾아 그들을 돌봤다 해도, 또 평생 바느질해서 모은 돈을 장학기금으로 내놓았다 해도 육신이 달라질 수는 없다. 육신적이 되고 안되고는 그 사람의 행위에 의해서 결정되는 것도 아니요, 성격에 의해서 결정되는 것도 아니며, 결심에 의해서 결정되는 것도 아니다. 사람이 이 세상에 태어나려면 부모에게서 태어나야 하기 때문에 육으로 나지 않은 사람은 없다. 그렇기 때문에 『**기록된 바와 같이 "의인은 없나니 없도다, 한 사람도 없도다... 이는 모든 사람이 죄를 지었으므로** 하나님**의 영광에 이르지 못하다가** 그리스도 예수 **안에 있는 구속을 통하여 그의 은혜로 값없이 의롭게 되었음이라.**』고 말씀하신 것이다(롬 3:10,23-24).

인간의 첫 출생은 마귀의 자녀로 태어난 것이다. 모두가 영이 죽어 태어났기 때문이다. 그래서 허물과 죄들로 죽었다고 말씀하셨다(엡 2:1). 마귀의 자녀로 태어났기 때문에 하나님을 모른 채 이 세상의 풍조를 따르고 공중 권세의 통치자, 곧 지금은 불순종의 자녀들 안에서 역사하는 영을 따라 행했다. 따라서 우리 모두가 이전에는 우리 육신의 정욕대로 행하였으며, 육신과 마음의 욕망을 이루어 다른 자들과 마찬가지로 진노의 자녀였다고 성경은 규정하고 있다(엡 2:2,3).

이런 상태에 있는 사람이 죄를 안 짓고 살 수 있겠는가? 죄수가 감옥 안에서 선행을 했다고 해서 죄수라는 오명이 벗겨지지 않는 것과 같다. 이 육신을 지닌 사람은 육신의 법을 섬길 수밖에 없다(롬 7:25). 이 육신은 죄를 짓고 죄의 행위를 하는 것을 즐기지만, 하나님의 뜻을 행하는 데는 약하다. 왜냐하면 육신은 실제로 하나님의 법에 복종하지도 않고 또 할 수도 없기 때문이다(롬 8:3,7).

거듭나지 않고 믿음의 생활을 하려는 사람들을 보라. 그들의 새벽기도나 섬김의 열성이 하나님을 기쁘시게 하겠는가? 그들은 실제로 하나님과 무관한 일을 하고 있는 것이다. 이는 율법의 행위로는 의롭게 될 육체가 없기 때문이다(갈 2:16). 그렇기 때문에 육신에 있는 자들은 하나님을 기쁘시게 할 수가 없는 것이다(롬 8:8).

이런 죄인이 성령으로 다시 태어나야 한다는 것은 너무나 당연하다. 예수님께서 니코데모에게 거듭나야만 한다고 하셨을 때, 그는 카톨릭 교황만큼이나 그 의미를 제대로 알지 못했다. 죄인이 거듭나게 되면 영적 할례를 받는다. 혼이 몸으로부터 분리되는 현상이 일어나는 것이다. 『**또한 너희가 그의 안에서 손으로 하지 아니한 할례를 받았으니 곧** 그리스도**의 할례로 육신의 죄들의 몸을 벗어 버린 것이라**』(골 2:11).

한글개역성경은 본문에서 이 부분이 "육정으로나"로 되어 있다. 과연 이 성경으로 육신의 의미를 전달할 수 있겠는가? 성경이 기본이 되고 잣대가 되어야 마땅한데, 오히려 다른 책을 통해서 개역성경을 해석해 주어야만 한다. 그러므로 개역성경은 잣대가 될 수 없다. 최종권위가 되지 못하는 성경은 강단과 교실에서 사라져야 한다.

37

하나님의 어린 양

"죄의 용서"와 "죄를 깨끗게 함"의 차이

요한복음 1:29

<한글킹제임스성경>

『그 다음날 요한이 예수께서 자기에게 오시는 것을 보고 말하기를 "보라, 세상 죄를 제거하는 하나님의 어린 양이라.』

<King James Version>

『The next day John seeth Jesus coming unto him, and saith, Behold the Lamb of God, which taketh away the sin of the world.』

<개역한글판성경>

『이튿날 요한이 예수께서 자기에게 나아오심을 보고 가로되 보라 세상 죄를 지고 가는 하나님의 어린 양이로다』

<New American Standard Version>

『The next day he saw Jesus coming to him, and said, "Behold, the Lamb of God who takes away the sin of the world!"』

하나님은 거룩하시다. 그러므로 인간을 구속하심에 있어서 죄를 묵과하지 않으신다. 다시 말하면 죄인이 지은 죄를 하나님께서는 아무런 근거 없이 눈감아 주시거나, 못 본 체하시거나, 정당화시켜 주시지 않는다는 것이다. 하나님의 공의는 모든 죄의 대가로 죽음을 요구하신다. 그래서 『**죄의 삯은 사망이요**』(롬 6:23), 『**범죄하는 혼은 죽으리라**』(겔 18:4), 『**너희가 육신을 따라 살면 죽을 것이나**』(롬 8:13)라고 말씀하신 것이다.

그러나 자비로우신 하나님께서는 죄인이 죄로 인해 죽는 것을 원치 않으시고 죄인을 구원하시기를 갈망하고 계신다.

그렇다면 하나님께서 죄인을 어떻게 구원하고 계시는가? 하나님께서는 죄인의 죄를 용서하시고 죄악을 깨끗게 하시기를 기뻐하신다. 이것을 이루시기 위해서는 반드시 법적인 근거가 있어야 한다.

구약성경에서는 그 근거가 염소와 황소의 피였다. 왜냐하면 『**피흘림이 없이는 죄사함이 없느니라**』(히 9:22)고 선언하셨기 때문이다. 구약의 구속 "Atonement"는 죄를 용서할 수는 있었어도 죄를 깨끗게 할 수는 없었다. 만일 염소와 황소의 피로 죄를 깨끗게 할 수 있었다면 구태여 하나님의 어린 양으로서 예수님께서 갈보리에서 피를 흘려야 할 필요가 있었겠는가? 『**자비를 수천 대까지 간직하며 죄악과 허물**

과 죄를 용서하나 범법자가 결코 깨끗게 되지는 아니하리니...』(출 34:7). 이렇게 분명히 밝혀 주고 계신다.

예수 그리스도께서 갈보리에서 죽으심으로 인류의 죄는 모두 용서되었다. 『**그 사랑하시는 이 안에서 우리가 그의 은혜의 풍성함을 따라 그의 보혈을 통하여 구속, 즉 죄들의 용서함을 받았느니라**』(엡 1:7). 『**그 안에서 우리가 그의 보혈을 통하여 구속, 곧 죄들의 용서함을 받았느니라**』(골 1:14, 개역한글판성경 : "그의 보혈을 통하여" 삭제).

다른 성서들은 『**죄들을 사함받은 것으로 인하여**』(막 1:4, 눅 3:3, 행 2:38, "for the remission of sin")를 잘못 번역함으로써 진리에서 멀리 떨어져 있다. 죄의 용서와 죄인들이 의롭게 된 것을 같은 의미로 해석하려는 사람들이 있다. "다른 것은 같은 것이 아니다."라는 말은 진리이다.

의롭게 된다는 것은 용서 그 이상의 것이다. 예수 그리스도께서 하나님의 어린 양으로서 죄인들을 위한 완벽한 제물로 드려져서 모든 인류가 용서받을 수 있도록 마련된 근거 위에서 죄인이 예수님을 구세주로 믿을 때에 "너는 의로워졌다."고 하나님께서는 선언하신다. 그 때에야 비로소 죄인은 죄와 형벌로부터 자유롭게 되는 것이다. 『**행함이 없어도 불경건한 자를 의롭다 하시는 그분을 믿는 사람에게는 그의 믿음이 의로 여겨지느니라**』(롬 4:3-5).

하나님의 의이신 예수 그리스도를 무시하고, 자기 자신의 의를 쌓고자 하는 사람은 결코 의롭게 될 수 없다. 인간이 자신의 의를 자랑하는 것은 걸레를 자랑하는 것과 같기 때문이다. 인간이 의롭게 될 수 있는 것은 인간의 무엇 때문이 아니다. 『**하나님께서 죄를 알지도 못하**

는 그를 우리를 위하여 죄로 삼으신 것은 우리로 하여금 그 안에서 하나님**의 의가 되게 하려 하심이라**』(고후 5:21).

예수님께서 십자가에 처형되셨을 때 나의 불의를 그분께서 담당하시고, 그분의 의를 내게 주신 것이다. 이것은 인류 역사상 믿음으로 이루어지는 가장 위대한 일이며, 하나님의 개입 없이는 불가능한 일이고, 설명할 수 없는 신비인 것이다.

그 근거 위에서 걸레가 다른 걸레를 정죄할 수도 없을 뿐 아니라, 예수 그리스도의 의로 옷입은 사람에게 이제는 하나님도 더 이상 죄를 지울 수 없게 되신 것이다. 이전 죄뿐 아니라 위약해서 지을 수 있는 죄까지도 기록되어질 수 없는 것이다. 이것을 은혜와 자비라 하며, 하나님의 사랑이라 한다.

당신은 예수 그리스도를 당신의 구세주로 믿고 영접한 적이 있는가? 만일 당신이 구원받은 사람이라면 죄로부터 해방되었다고 해서 다시 죄를 짓고 예수 그리스도의 보혈을 모욕하는 사람으로 남겠는가?

예수 그리스도께서는 당신과 나의 죄를 제거시키기 위하여 하나님의 어린 양이 되셨다. 그분은 단순히 세상 죄를 지고 가는 분이 아니라 제거하시는 분이시다. 하나님께서 용서해 놓으신 근거 위에서 그리스도의 피로 우리 죄를 깨끗게 씻어 제거시켜 주신 것이다.

당신이 예수 그리스도를 구세주로 믿고 영접했으면 구원받은 것이다. 이 말은 당신이 예수 그리스도를 소유했다는 말이며, 이는 곧 당신 안에 영생이 있다는 말이다. 영원히 사는 하나님의 생명 말이다. 『**그** 아들**이 있는 자는 생명이 있고** 하나님**의** 아들**이 없는 자는 생명이 없느니라. 내가** 하나님**의** 아들**의 이름을 믿는 너희에게 이런 것들을 씀**

은 너희에게 영생이 있음을 알게 하려 함이며, 또한 너희가 하나님의 아들**의 이름을 믿도록 하려 함이라**』(요일 5:12,13).

- 지은이 / 이 송 오 (신학박사, 한글킹제임스성경 책임 번역자)

- 성경침례교회 담임목사
- 말씀보존학회 대표
- 월간 성경대로믿는사람들 주필
- 킹제임스성경신학교 설립자 및 학장, 교수
- 서울크리스찬중고등학교 설립자
- 인터넷 신문 바이블파워 발행인 및 주필

- 저 서

- <하나님께서는 한 가지 성경만을 쓰셨다>
- <완벽한 교회는 없는가>
- <최후의 보루>
- <바른 성경 바른 교리>
- <열린 성경 닫힌 마음> 등 다수

바른 성경을 찾아서 9

현저한 차이

초판1쇄 / 1999년 5월 20일
재판1쇄 / 2013년 4월 30일
지은이 / 이 송 오
펴낸이 / 이 송 오
펴낸곳 / 말씀보존학회
등록 / 16-223(88.12.12)
주소 / 서울 강서 우체국 사서함 90호
전화 / (02) 2665-3743
팩스 / (02) 2665-3302
인터넷 / www.biblemaster.co.kr

값 7,000 원